抗戰勝利前後
國民政府的審計工作
（1944）

The Audit of Nationalist Government,1944

導言

侯嘉星

國立中興大學歷史學系助理教授

一

　　中國近代史眾多議題當中，最受學者關心的焦點之一，即是探討現代國家建構（State Building）之過程，圍繞著國家建構經驗所展開之制度規劃、現代化事業、教育文化改造，乃至社會生活變遷等各種豐富多元的探討。毫無疑問，中國現代國家之建構，深受十九世紀以來歐洲經驗的影響，藉由模仿而引進共和政體、議會制度，逐漸形成現代中國之雛形。在這些體制中，審計制度乃為全新之經驗，有別於傳統中國隸屬於戶部之國家收支劃分，而是在政府當中建立一個全新的獨立監察機構，可以說是對現代國家財政紀律的初步嘗試。

　　審計部門為現代國家控制預算決算之機構，1912年9月，北京政府成立了獨立的審計處，直屬國務院。1914年改稱審計院，位階提升為總統府下一級單位。審計工作之重要性，關乎現代行政組織之運作，彼時相當於臨時憲法之《中華民國約法》中第57條載明，「國家歲出歲入之決算，每年經審計院審定後，由大總統提出報告書於立法院請求承諾。」換言之，預算經立法院通過後，仍以審計院進行決算之管制，藉此規範政府財政運作。1928年南京國民政府成立後，將審計院改

隸於國民政府，至 1931 年五院成立後，成為監察院之審計部。1914 年北京政府公布《審計條例》作為審計工作之法律依據，1925 年 11 月，廣州國民政府成立不久，也通過《審計法》，藉由制度規範達到財政控管的目標。當然，從這些對審計事業的追求中，也能發現藉由建立歲出歲入的預算決算制度，以及獨立查核機構，從而成為現代行政體體制的基礎。

由於審計工作關乎現代國家建構，早在 1930 年代，已有不少關於審計、國家預算的討論，例如《近代各國審計制度》（1931）、《我國現行事前審計制度》（1934）、《中國政府審計》（1947）、《政府審計原理》（1947）等等，顯示時人對審計制度頗為重視。此外，中華民國審計部編有《中華民國政府審計史記》（1986）、《中華民國政府審計史記續編》（2016），從其機關沿革史能觀察審計工作之變遷。受近年來民國熱之影響，大陸學界也推出不少審計預算相關著作，先是由二檔館推出的《中國會計史料選編》（1990）、《中國審計史綱要》（1990）等官方編修之史料集，接著陸續出現如《中國審計史》（2004）、《中國審計史稿》（2006）等研究著作，相關博碩士論文更多達數十種，都顯示審計作為國家建構之一環，在現代國家體制引進的過程中深受學者重視。

二

當然，必須要指出的是，過去這些關於近代中國審計制度的研究，多半是由政治學、會計學或公共行政方

面的學者所完成。即便是廿一世紀以後數十篇的學位論
文,也集中於審計學院、財經學院等科系,歷史學家
們對此課題的投入,遠較上述社會科學方面的研究者更
少。細思史學對審計工作涉獵不深的原因,除了該工作
充滿枯燥之數字外,還包括民國時期特殊時代背景對審
計制度的限制,儘管二十世紀初期中國朝野人士,已有
引進審計制度,建立財政紀律的構想,但是在現實環境
中,此一制度的發展仍跌跌撞撞,備受挑戰。民國時期
審計工作推行之阻礙,大抵有以下四點:

首先是無論北京政府或南京政府時期,國家財政收
入枯竭,中央政府的歲入歲出大量仰賴外債、公債,導
致財政運作體制十分不健全。由於國家財政運作已極困
難,甚至很多時候必須放任地方或軍方自行籌措財源,
自然導致中央政府建立之監察審計制度,難以真正落
實。此一現象在北京政府時期尤為嚴重,雖然中央已設
立審計院,但省級的審計處卻長期付之闕如。直到國民
政府成立後,加強各省財政紀律,才使審計工作在地方
上有所推展。

其次,在中央政府的財政支出方面,自民國成立之
際,審計部門原則上已建立以各部會為基準之國家總
預算制度。至 1914 年時該制度在袁世凱強勢領導下仍
具雛形,但隨著北洋軍閥陷入混戰、中央政府各派系分
別把持,財政系、交通系等各自掌握派系所屬財源後,
國務院對所屬部會之控制力下降。及至 1916 年袁世凱
過世後,北京政府的運作越形困難,乃於 1920 年代達
到高峰。在此困難環境下,審計部門的工作自然也受到

政府控制力衰弱的影響，並未能真正發揮作用。相較之下，南京國民政府建立後，對國家總預算制度頗有堅持，也十分重視審計工作，1931 年的《國民政府組織法》中設立五院制度，更明定監察院之職權為彈劾與審計。在國民政府努力下，至抗戰前，已有二十餘個省市設有審計處，逐漸推動政府對地方的財政管理。

其三，審計工作推行之困難的另一端，其實是中央與地方之角力。北京政府時期，中央對地方的控制力不強，使得地方財政運作各自為政。國民政府成立後仍然面臨中央與地方對抗的老問題，除了部分國府能直接控制的省分外，許多地方仍必須與當地實力派合作。然而相較於北京政府更有利的是，國府推動之關稅改革、稅務改革、建立文官體系等工作，以及隨著中原大戰、剿共等戰役加強對地方的控制逐漸取得成果，至少在省級的財政監理工作較有進展。換言之，審計工作所表現之中央與地方角力，無疑也是現代國家建構中不可忽視的一環。

最後，近代中國的審計工作，不可避免深受戰爭的影響，北京政府時期受到軍閥混戰的限制；南京政府時期則因中日戰爭爆發，進入戰時體制後有很大衝擊。雖然至 1937 年以前，國民政府努力建立獨立的審計制度，但戰爭爆發後，各戰區的財政籌措、各省政府轉進山區後的運作等，勢必難以繼續遵循戰前的制度。不僅如此，中央政府的運作，也因為戰時體制的緣故，重心轉移到軍事委員會，行政院乃至五院運作都相形失色。在戰爭的影響下，軍費成為國家主要支出，而審計工作

又偏重於行政部門，造成結果便是佔歲出大宗的軍事用途，成為監察審計難以兼顧的範疇，自然對整體政府財政紀律有所影響。抗戰爆發後，國民政府並非沒有注意到此問題，重慶方面仍希望能掌握軍隊財政紀律，然而人手有限的審計部，面對龐大的軍民組織，自然顯得無能為力了。

三

　　從民國審計工作的發展歷程來看，國民政府時期顯然頗為關鍵，其意義在於加強對中央政府內部之控制，以及提升地方政府的財政紀律。有關國府時期審計工作，現存檔案史料不多，審計部本身文件攜來臺灣者甚少，多數於戰亂中散失。本次出版之《抗戰勝利前後國民政府的審計工作》，係 1944 年、1945 年及 1946 年審計工作報告，彙整年度政府歲出歲入及各省收支情況。出版時 1944 年該冊增補許多審計法規，對研究者來說無疑十分便利。

　　報告書的基本體例分成四大部分，第一部分為國家整體歲出的概覽；第二部分為中央政府歲出統計，又分為普通歲出（即經常門）和建設歲出（即資本門），這兩類又個別以中央部會及省市政府分別敘述，另外還有特別支出的項目；第三部分為「自治財政歲入歲出審計概況」，針對各省縣財政進行抽查，並通報缺失要求改善。第四部分，則針對該年度的調查繪製各種圖表，呈現國家審計的概況。報告最後更附有檢討及建議事項。從這些報告，可以看到國民政府建立財政紀律的努力，

至少到戰時及戰後，仍十分重視審計工作。藉助這套史料的出版，研究者可以從審計工作的具體情況，了解國民政府實際執行之成效。如能搭配國史館之《國民政府檔案》，對國府時期現代國家建構的課題，諒必有更深刻的研究。

但是另一方面來說，使用這些審計報告，還是有諸多限制。其中最關鍵的問題，是這些審計工作建立在法幣的基礎上，抗戰末期嚴重的通貨膨脹，使得法幣貶值之壓力日益升高，直接反應為國家預算編製之困難，往往上一年編列之預算，實際執行時就需要不斷追加調整，導致決算時往往是預算編制的數倍以上。由於貨幣波動過大，事前審計工作難以達度預期目標，而使得這些報告的數字，不容易反映真實情況。

由於中國幅員廣大，各省市受法幣貶值影響不一，造成沿海或新式交通沿線的縣市財政運作較為順暢，內陸或山區省縣則面臨經常門與資本門波動過鉅的影響更大，因此引發利用此一資料的第二個問題，亦即區域落差的現象嚴重。由於審計報告受限於人力物力，僅能以省為單位分述，難以針對具體的縣進行審計管理，僅從各年度報告中呈現的各省情況，也能觀察到同一套貨幣衡量標準，在不同地方難以換算衡量的問題，使得此一報告並不容易使用。

雖然地方政府差異甚大，使用頗有窒礙，但幸好這批史料對中央政府的財政運作，提供比較一致的分析基礎。研究者可以藉由部會財政結構、資本門建設項目等考察，對此時國家建設及行政體制有更完整的認識。

若仔細分析這些資料，不難發現國民政府經歷八年抗戰後，中央財政惡化極為嚴重，收入仰賴債務，支持又大半投入軍事國防方面，不難想見政府艱難處境。換言之，這批審計報告，不僅只是國家審計工作之概況而已，更是研究者了解抗戰勝利前後政府日常運作的鑰匙，從中能掌握中央與地方財政的宏觀圖景。這對於回應近代史中，廣受各界關心之問題——為何國民政府在贏得抗戰勝利後，卻在短短四年間揮霍了勝利累積的聲望，乃至失去大陸，於 1949 年輾轉來臺？——有更全面的解答。

四

　　海內外中國近現代史研究者，普遍注意到，抗戰期間是中國建立現代國家的關鍵時刻，借助戰時的動員宣傳，使國家意識深入到社會各階層；也通過總動員體制，強化國家對物資的調度與運用。作為現代國家建構的一環，財政紀律無疑也是值得被關注的主題。審計工作史料的出版，除了提供制度史方面對審計法規、中央審計部與地方審計處之權責劃分，以及審計運作的種種細節作為研究基礎外，從其中之數字結構之分析，亦能對國家整體財政有更全面地掌握。因此本套史料問世，有助於研究者思考現代國家體制建立的問題。

　　有關此一討論不僅限於歷史學家之間，事實上政治學、公共行政等社會科學，也將國府經驗視為現代國家治理的案例。特別是 2000 年以來大陸地區國家治理的複雜性，往往使得國府經驗成為學者引以為鑑之參考。

既然社會科學界對國府經驗頗有重視，歷史研究者們更不應該自外於這波浪潮，若能藉機拓展歷史研究的現實關懷，或許能提升歷史研究對當代社會的影響力，《抗戰勝利前後國民政府的審計工作》正好扮演這樣的作用，期待能成為跨學科研究者共同重視的史料。

另一方面，雖然現代國家建構固然吸引跨領域學者重視，但對社會大眾而言，更引人注目者，是此一建構過程究竟遇到什麼問題，導致大陸淪陷的結果。細讀這批審計報告，依然能發現儘管國民政府加強對地方的控制，但時至 1945 年，仍有許多地方是政府未能有效執行之處。換言之，經歷戰時體制的整頓動員，上層政府與基層社會之間，仍存在許多隔閡，這或許是國共內戰最終局勢逆轉的原因，也是國民政府在從事現代國家建構時難以克服的一大問題。

總之，《抗戰勝利前後國民政府的審計工作》儘管受到政府組織、貨幣波動的限制，導致在研究利用上需克服一些障礙，但從宏觀視野來看，其不僅是民國以來藉由審計工作完成現代國家建設的成果展現，也是戰時國民政府落實國家紀律的努力。更重要的是，這些資料提供宏觀的立場，能很快掌握政府財政運作的梗概，作為中國現代史研究的基礎。

編輯凡例

一、本書原件為俗體字、異體字者,改為正體字;無法
　　辨識者,則改以符號□表示。

二、書中排版格式採用橫排,惟原文中提及如左如右等
　　文字皆不予更改。

三、若有未盡之處,敬祈方家指正。

目　錄

緒言

　　按審計法二十八條之規定，審計部應將每會計年度審計之結果編製審計報告書，並得就應行改正之事項附具意見，呈由監察院呈報國民政府。此項報告書之編製肇始於民國三十年，每屆年度賡續編報，茲已編至第四次矣，體制仍依舊例，以國家總預算為經，以審計之結果為緯，按照科目次第綜合實務為扼要之敘述，附具統計圖表，藉資比較，並殿以建議改進事項，以蘄國家財物納入正軌。惟抗戰歷至最後階段，頑敵尚未降伏，猶復發動湘北、湘桂、中原大會戰我逼近戰區，各級機關大受影響，本部所屬多數審計處轉徙播遷，所有檔案遺失泰半，甚至蕩然無存，重以交通梗塞，郵遞損失，故本報告書資料之徵集，實未能盡如理想之周詳，茲謹就現有資料分章敷陳，敬祈鑒察。

第一章　國家財政收入審計概況

第一節　總述

　　查三十三年度國家總預算依歲入來源別，各部門原列預算總計為七百九十五億零一百四十三萬一千八百零八元，經分別追加一百六十三億零零二十二萬零七百九十一元八角八分，追減二億一千零八十六萬四千八百六十二元，其調整後之預算數總計為九百五十五億九千零七十八萬七千七百三十七元八角八分，本部國庫總庫審計辦事處核簽數總計為一千八百二十億零五千七百四十四萬七千三百九十九元六角四分，綜計實收數較預算數超收八百六十四億六千六百六十五萬九千六百六十一元七角六分。

　　關於歲入部份事後審計，三十三年度由各機關依照規定送審者，為各項稅收、規費、收入、財產及權利之孳息收入及其他收入等項，至關稅收入未准編報送審，本部為求收入之涓滴歸公，杜絕浮漏中飽弊端起見，本年度曾分別派員實地查核各直接徵收機關歲入類帳目，並仍本上年度工作方針加強審查公有營業機關之盈虧，所有審核結果分詳下文，茲不贅及。統計本年度各機關歲入類送審計算數為一十三億九千七百六十二萬六千九百二十二元九角九分，已核准及存查數為一十三億五千九百九十二萬一千四百零八元九角九分，餘數尚未

清結。

　　屬行收入之稽察，向為本部一貫之計劃，本年度仍
賡續辦理，並儘量推展實施之範疇，以宏實效。迄年度
終了，所有在京各主要經徵經收機關幾已查核殆遍，遇
有處理不合規定情事，節經分別糾正用策改善，至京外
各機關收入之稽察，則分飭各省審計處就近辦理，藉期
捷便。

第二節　歲入經常門之審計

　　本年度國家總預算歲入經常門，共列有土地稅等二十一個科目，茲依本部國庫總庫審計辦事處自三十三年一月一日起，至三十三年十二月三十一日止核簽數，說明與各科目預算數之比較情形如次：

土地稅──總預算列有田賦契稅、地價稅及土地增值稅四項，原預算一百一十三億二千萬元，經追加一百一十八萬六千二百零八元，合計為百一十三億二千一百一十八萬六千二百零八元以上，田賦契稅及地價稅核簽數為三十三億二千七百零八萬八千六百四十三元一角八分。

所得稅──原預算數為一十七億八千萬元，經追加二百七十三萬元，合計為一十七億八千二百七十三萬元，核簽數為一十一億四千四百零五萬八千八百九十二元一角七分。

遺產稅──原預算數為五千萬元，經追三十九萬元，合計為五千零三十九萬元，核簽數為四千九百四十九萬六千九百四十七元零四分。

非常時期過分利得稅──原預算為二十一億六千萬元，經追加六十萬零六千元，合計為二十一億六千零六十萬零六千元，核簽數為一十一億九千一百三十一萬二千零六十四元一角九分。

營業稅──原預算為二十五億元，經追加四千一百六十六萬七千四百四十五元，合計為二十五億四千一百六十六萬七千四百四十五元，核簽數為二十九億二千八百五

十五萬二千三百九十八元七角五分，計超收三億八千六百八十八萬四千九百五十三元七角五分。

此外尚核簽特種營業行為稅四千五百零四萬八千九百五十元六角六分。

印花稅——原預算為一十億元，經追加八十萬元，合計為一十億零零八十萬元，核簽數為一十億零六千一百四十萬零二千五百八十六元零九分，計超收六千零六十萬零二千五百八十六元零九分。

關稅——原預算為四億零八百四十五萬五千元，並無調整，核簽數為四億七千八百六十萬零一千二百八十七元九角一分，計超收七千零一十四萬六千二百八十七元九角一分。

鑛稅——原預算為一億二千四百一十二萬元，經追加七十萬零九千九百元，合計為一億二千四百八十二萬元九千九百元，核簽數為一億八千六百一十六萬八千四百三十八元零一分，計超收六千一百三十三萬八千五百三十八元零一分。

貨物出廠稅——原預算為一十三億一千一百萬元，經追加一百九十九萬六千八百八十五元，追減二億一千萬元，調整後預算數為一十一億零二百九十九萬六千八百八十五元，核簽數為二十億零三千五百三十一萬三千九百五十六元四角，計超收九億三千二百三十一萬七千零七十一元四角。

貨物取締稅——原預算為一十七億五千萬元，經追加三千四百零二萬零三百一十四元，合計為一十七億八千四百零二萬零三百一十四元，核簽數為二十九億一千四百

三十五萬一千八百九十三元一角一分，計超收一十一億
三千零三十三萬一千五百七十九元一角一分。

戰時消費稅——原預算為一十五億元，經追加五十八萬
二千一百二十三元，合計為一十五億零零五十八萬二千
一百二十三元，核簽數為一十八億三千六百二十二萬一
千七百零八元一角一分，計超收三億三千五百六十三萬
九千五百八十五元一角一分。

專賣收入——原預算鹽專賣收入一十五億零一百萬元，
糖專賣收入一十億零三千萬元，火柴專賣收入二億零
五百萬元，菸專賣收入為一十六億元，合計為四十三億
三千六百萬，並無調整，核簽數鹽專賣收入一十億零七
千九百一十七萬六千四百二十元零九角二分，糖專賣收
入四億六千七百四十五萬八千九百六十六元五角五分，
火柴專賣收入二億三千六百五十六萬八千七百二十四元
五角八分，菸專賣收入一十七億零四百二十一萬二千九
百六十七元七角四分，合計為三十四億八千七百四十一
萬七千零七十九元七角九分。

食鹽戰時附稅——原預算列六十億元，經追加一百五十
五億四千一百三十七萬五千二百元，合計為二百一十五
億四千一百三十七萬五千二百元，核簽數為一百三十二
億八千五百五十萬零七千二百零二元八角二分。

懲罰及賠償收入——原預算為二千零八十一萬九千九百
四十二元，經追加五十萬零九千一百八十七元，追減一
萬七千七百四十元，調整後預算數為二千一百三十一萬
一千三百八十九元，核簽數為五千五百九十萬零零九百
元零零九角三分，計超收三千四百五十八萬九千五百一

十一元九角三分。

規費收入——原預算為一億一千七百九十三萬九千四百元，經追加四億四千七百二十六萬九千八百七十四元，追減四萬五千五百元，調整後預算數為五億六千五百一十六萬三千七百七十四元，核簽數為九千四百八十七萬七千七百三十元零三角五分。

信託管理收入——原預算為七千九百三十四萬三千六百三十三元，並無調整，核簽數為二百一十九萬八千三百二十一元零五分。

財產及權利之孳息收入——原預算為八千零九十萬零五千二百六十五元，經追加四千二百三十二萬五千三百九十六元，追減三十二萬元，調整後預算數為一億二千二百九十一萬零六百六十一元，核簽數為一億零八百一十四萬六千二百四十六元九角七分。

公有營業之盈餘收入——原預算為六億零九百三十四萬八千三百八十四元，經追加一億五千三百零三萬八千四百零七元八角八分，追減二十萬零七千三百八十七元，調整後預算數為七億六千二百一十七萬元九千四百零四元八角八分，核簽數為二億零一百四十五萬三千三百一十一元九角六分。

公有事業收入——原預算為五百零六萬五千元，經追加七百七十五萬五千七百二十四元，合計為一千二百八十二萬零七百二十四元，核簽數為六十萬零一千零七十七元五角二分。

捐獻及贈與收入——原預算為二億元，經追加一千零六十八萬七千八百一十九元，合計為二億一千零六十八萬

七千八百一十九元，核簽數為七千九百五十四萬五千六百七十七元三角一分。

其他收入——原預算為三百二十四萬九千四百九十七元，經追加二百五十三萬五千二百一十六元，追減八十五萬八千八百一十六元，調整後預算數為四百九十二萬五千八百九十七元，核簽數為一億八千六百八十五萬五千三百四十四元六角一分，計超收一億八千一百九十二萬九千四百四十七元六角一分。

歲入類事後審計，除駐庫部份依照預算所列歲入項目分別處理，及送審部份依照規定審核外，歷年均採就地審計、巡迴審計、抽查審計等方式，以補救送審之不足。本年度倭敵發動湘北、湘桂一帶相繼淪陷，本部西南各省審計處如贛、湘、粵、桂、黔等處，均因戰事影響倉卒播遷，或則工作進度未能按照預定計劃執行，或則遷徙途中突遭兵亂，卷冊散佚，工作情形無從查報，茲就業經呈報部份分別摘述如左：

關於田賦部份抽查結果，計發現四川郫縣慶和鄉徵收處，及溫江縣三聖鄉徵收處均有浮收情弊；資陽縣小院鄉徵收處浮報徵糧，冀圖邀獎；陝西渭南縣官道辦事處主任郝勵齋任內，有盜賣公糧、塗改串票行為；湖南沅陵縣契稅罰金三萬八千二百九十九元四角四分，會同縣契稅附加一萬三千元均延未繳庫；瀘溪縣任意挪用稅款，芷江縣浮報比額侵佔公糧，安徽旌德縣田賦糧食管理處副處長宮麟閣，任內虧欠公穀六千二百九十八市石；寧國、宣城兩縣田賦糧食管理處有貪污舞弊情事；江西廣豐縣田糧處徵收扇穀有中飽侵蝕情形；會昌縣未

按規定發給運糧費；浙江永嘉縣各鄉鎮擅自攤徵食穀，又各縣關於溢米收入多擅自變價動用，以上抽查結果，均經分別通知主管機關，依法究辦或糾正。他如湖北、甘肅、貴州等省，關於田賦徵實帳冊設置未臻完備，各縣辦理土地陳報多欠詳確，以致人民負擔不均，並經分別通知促其改進。

關於各項稅收，本部除就各省主管稅務機關，分設就地審計人員隨時監督審核外，另派審計人員分赴各經收機關實地抽查。本年度抽查結果，計發現西川稅務管理局東山分局，挪用稅款高達六百餘萬元，新津直接稅分局截留稅款延不繳庫，內江直接稅分局現金短少三百一十九元三角，綿竹稅務分局虧欠礦稅七萬一千四百八十二元，德陽查徵所移用公款墊充經費，湖南寶慶貨物稅局不依公庫法規定，擅發密令飭其所屬將稅款解局會同查徵所挪用稅款，桃源查徵所漏收稅款四萬五千元，常德查徵所移用稅款墊付經濟，浙江瑞安直接稅分局違法動支乙丙保證金，浙江稅務管理局移用稅款六百六十餘萬，延未納庫稅款達七百四十餘萬元，貴陽直接稅分局為直接稅處違法提用乙丙保證金，所有上述各節均經分別輕重通知糾正，或函財政部依法懲處。

專賣收入之事後審計，本年度由本部鹽務總局審計辦事處審核，食鹽專賣部份核准及存查收入數為一億五千八百七十四萬八千六百五十五元八角六分，此外並經派員分赴各處實地抽查各食糖、菸類及火柴等專賣機關之收支情形，抽查結果，各該機關會計報告多未能按期編製，又關於專賣利益，仍有不依公庫法之規定，

自行經收逕解上級機關情事，查核尚屬相符者有陝西區菸類專賣局，至川康區食糖專賣局重慶分局請准列報聯誼聚餐費一案，經核與規定不符，仍予駁復不准列報，閩贛區食糖專賣局南平分局會計不合手續之處亦已通知改進。

懲罰及賠償收入，本年度送審計算數為一百零三萬九千四百二十二元，核准及存查數為四十一萬六千九百八十九元，規費收入送審計算數為二千五百九十七萬五千五百六十三元六角，核准及存查數為二千五百一十三萬六千八百五十元零六角，以上多種收入均經派員分赴各省高等法院、地方法院及醫院等機關實施抽查，計（一）各機關大多移用收入墊付經費。（二）歲入類未能按期造報。

公有營業機關盈餘收入及公有事業收入，除就送審報表依法審核外，仍派員實施巡迴審計，所有審核結果分述於後：

財政部主管之公有營業機關，經本部派員巡迴審計者有貿易委員會、復興商業公司及中國茶葉公司等單位，復興商業公司三十三年度上期列盈餘四千九百四十四萬二千二百九十七元。支出方面經查明應予剔除者：（一）各董事領支公費計一至六月份共支九萬六千六百元，係屬變相之夫馬費。（二）經理室專員多名支領定額公費七千二百元於法無據。（三）各主管人員於支領特別辦公費外，復支領定額酬應費共四萬八千元，係屬變相津貼。（四）捐獻私人組織庸之獎學金五萬元、銘賢學院基金五萬元，應由私人負擔。

中國茶葉公司三十三年度上期虧損四千一百六十七萬
一千八百八十四元八角三分，當以該公司本期虧損甚
鉅，以歷年積餘三千九百五十五萬零一百四十四元四角
一分抵補尚感不足，至簿記組織較前雖有改進，仍與規
定不合，經通知注意撙節費用，並改善簿記組織。支出
方面經查不合規定予以剔除者：（一）公糧差額代金
二百三十八萬三千八百九十三元四角二分。（二）日用
品代金二萬四千二百三十一元九角九分。（三）年終貸
金三萬二千二百六十一元一角，至中央、中國、交通、
農民四銀行仍照上年辦理情形，僅將總務費送審，派員
巡迴審計亦仍託詞拒絕，致無結果。

　　經濟部主管之公有營業機關，經派員巡迴審計者，
中央工業試驗所鹽碱實驗工廠三十三年度營業收支虧損
九十萬零七千零八十元零七角二分，支出方面經查不合
規定應予剔除者，計有職員伙食津貼、搬運員工平價呢
制服料運費，及攤支中央工業試驗所所長汽車修理及汽
油等費，又該廠產品售價收入由中央工業試驗所提成八
萬三千二百一十七元六角，並提去攤付該所總管理費七
萬四千七百九十一元三角二分，職員生活補助費規定自
本年度由國庫直接擔負，該廠仍在「其他營業外支出」
項下列支三千二百元，以上各點原因不明，併經分別查
詢。中央工業試驗所製革鞣料示範工廠三十三年度營業
盈餘十二萬六千七百五十四元七角二分，支出方面經查
應予剔除者，計有職員伙食津貼二十三萬四千零四十二
元八角四分，員工其他津貼、節賞聚餐、伙食費及車馬
費等共三十萬零五千二百一十七元七角三分，損益計算

書列支水災損失一十七萬九千四百元零零六角二分，曾否呈奉核准，損失情形如何，經予查詢。中央工業試驗所電工儀器修造實驗工廠三十三年度營業虧損十六萬二千四百四十六元，支出方面經查應予剔除者，計有職員伙食津貼、員工眷屬用煤、職員煤水津貼，及廚役加班費等，至關於損益表所列本期虧損數字尚有疑點，已予查詢。中央工業試驗所窰業原料示範工廠三十三年度營業虧損七十九萬九千一百一十二元五角二分，支出方面經查應予剔除者計有職員伙食津貼、員工各項額外津貼、購菜旅費、廠長菜貼、公宴犒賞節賞等費。工礦調整處三十三年度上期盈餘三百二十四萬三千一百五十元零六角三分，支出方面有暫付經費由三十一年至本期止計十二萬五千六百三十七元四角三分，未經收帳，又津貼新經濟半月刊，「事業投資貶值準備」三百九十二萬九千八百五十二元七角四分，「呆帳及賠償準備」六十八萬五千三百一十七元四角二分等款，或係跨越年度或係支出之根據不明，均經行文查詢。至資源委員會所屬各廠礦，經本部派員巡迴審計者，盈餘共為九千零八十三萬五千九百五十八元八角三分，虧損共為五千七百二十九萬八千零五十五元三角三分，審核結果：（一）各該廠礦仍依照資源委員會盈餘統籌撥補辦法，提補特別公積及各項獎金福利金。（二）該會及所屬各單位員工待遇違反公務員待遇，改善辦法之規定，送經本部通知剔除糾正，迄未遵照辦理，本年度各該廠礦仍列支職員戰時貸金及米貼差額等項，至如各廠礦不當或不法支出，以及盈虧撥補資產負債變動之疑點，均經依

法分別剔除查詢。

　　交通部主管之公有營業機關，亦經派員分別實施巡迴審計，計重慶公共汽車管理處三十三年度虧損一億四千零三十八萬七千三百一十六元三角四分，支出方面經查應予剔除者有撥解公路總局補助事業經費六十九萬元，特別辦公費、額外補助費、職務津貼、節賞、平價米碾耗及虧損等項。西北公路運輸局三十三年度虧損四千七百六十六萬零五百五十三元四角八分，支出方面經查應予剔除者有私人捐贈及用款、節賞、局長定額特支費、每月解交公路總局及交通部之事業費等項。川滇東路管理局驛運處三十三年度盈餘二十七萬一千九百零二元五角三分，支出方面查明應予剔除者有未經稽察程序之購置財物、公宴節賞各級主管人員、支領額外特支費等項。滇緬公路運輸局三十三年盈餘三千四百一十一萬四千一百六十八元三角三分，其收支決算數均超過預算，究係如何情形經已行文查詢。中央濕電池製造廠三十三年度盈餘一百四十九萬五千九百零六元九角八分，該廠於三十三年度將原有材料提高價格轉入，盈餘核有未合，亦經函知更正。

　　至各機關收入之稽察，經依據法令由本部暨各處分別積極舉辦，迄本年度終計稽察完畢之機關，有財政部重慶市營業稅處、火柴專賣公司、菸類專賣局、專賣事業管理局、東川稅務管理局、重慶直接稅局、考試院銓敘部、考選委員會，司法行政部最高法院，經濟部重慶商品檢驗局、全國度量衡局、淡水魚養殖場、中央林業實驗所，財政部直接稅署、田賦管理委員會、關稅署、

重慶中央醫院、重慶電信局、西安關稅務司、陝西鹽務管理局、陝西區菸類專賣局、皖北稅務局立煌分局、立煌直接稅局、宿松稅務分局、宿松直接稅分局、桐城直接稅局、霍山直接稅局、福建稅務管理局、永安徵收局、廣華直接稅局、郫縣直接稅局、新都直接稅局、遂寧直接稅局、資陽直接稅局、綿竹直接稅局、綿竹稅務分局、溫江稅務分局、什祁稅務分局、內江直接稅局、綿陽直接稅局、簡陽直接稅局、資中直接稅局等四十餘單位。收入類別約分課稅收入、專賣收入、規費收入、物品售價收入、營業收入及其他收入等六種，稽察結果大致尚符，惟財務處理不合規定之處，猶有（一）任意挪用歲入款項。（二）經收各款未依法隨時繳庫。（三）墊付款項久未清結。他如會計賬冊設置不齊，記賬遲緩等項，亦均亟待改進，業經分別函請各機關切實注意以資整飭。

　　再田賦徵實之稽察以關係戰時財政頗為重要，仍由本部及各省審計處分別派員辦理，稽察結果，關於徵收倉儲劃撥及會計各方面，猶多應行更正之處，舉犖犖大者約有：（一）冒斗浮收。（二）徵冊錯誤。（三）徵收手續未按照規定辦理。（四）衡量器具猶欠準確。（五）運輸遲滯。（六）交接延緩。（七）倉庫設備未臻完善。（八）運輸損失過鉅易生流弊。（九）購糧價款延不撥付。（十）賬簿設置不按規定。（十一）會計報表偏造稽延。（十二）交付手續欠不清結等項。已分別予以糾正。

第三節　歲入特殊門之審計

　　本年度國家總預算歲入特殊門，僅列有財產及權利之售價收入及賒借收入兩科目，茲依本部國庫總庫審計辦事處全年度核簽數，說明與各該科目預算數之比較情形如次：

財產及權利之售價收入——原預算數為二百零九萬零三百一十一元，經追加九百零七萬一千五百八十元，追減二十七萬四千二百三十五元，調整後預算數為一千零八十八萬七千五百五十六元，核簽數為五百二十萬零零一百五十七元零二分，尚歉收五百六十八萬七千三百九十八元九角八分。

賒借收入——國庫更分列為內債、外債及銀行墊借款三項，原預算數四百四十一億四千三百零九萬五千四百七十六元，核簽數一千四百一十八億一千六百三十八萬二千五百一十四元六角七分，計超收九百七十六億七千三百二十八萬七千零三十八元六角七分，其超收原因當係國家收入不敷支出，隨時向代庫銀行透支或挪借之款。

　　此外尚有預算未列而國庫已實收者，如未售債券本息等項，併列於本節敘明，計有未售債券本息，核簽數六億零五百五十九萬六千七百三十五元八角一分，又收回各年度歲出款，核簽數五億零五百七十九萬五千零二十九元五角七分，又暫收款核簽數五百零八萬三千九百五十七元五角三分，又上年度結存轉入款，核簽數四十四億一千九百二十六萬八千三百四十六元一角一分，以上各項核簽數尚待清理結算。

第二章　國家財政歲出審計概況

第一節　總述

　　查三十三年度國家總預算歲出，政事別各門部原列預算總數計為七百九十五億零一百四十三萬一千八百零八元，經撥入二百七十二萬三千二百五十元，撥出三億三千九百六十三萬四千九百一十五元，動支第二預備金二億八千五百九十七萬八千六百六十五元，追加七百二十六億一千九百三十八萬八千零五十七元八角二分，追減八千六百六十五萬七千二百一十一元三角六分，及以前年度預算轉入數一十八億四千九百六十四萬九千九百五十二元三角七分，綜計調整後預算數為一千五百三十八億三千二百八十七萬九千六百零六元八角三分，本部核簽支付書總數為八百六十八億三千三百八十三萬一千六百八十元零一角九分，除轉入下年度預算數三十五億七千零一十四萬九千九百一十九元二角四分外，尚有預算餘額六百三十四億二千八百八十九萬八千零零七元四角整。

　　依照審計法之規定，各級黨部主管之各項歲出不屬本部審核範圍，三十三年度本部除審核駐在陪都各中央機關之經費類會計報告外，並兼辦重慶市部份，至京外各中央機關則由駐在地各省市審計處辦理，按時彙報本部查核。自三十三年清查各機關送審情形催告送達

後，其屬於普通歲出各機關經費類會計報告，十九均
已依照辦理，惟關於建設歲出及特別歲出者，各機關
造送情形仍屬參差不齊。又本年度豫、粵等省審計處
因受中原會戰及湘桂戰事影響，倉卒撤退途中迭經變
亂，案卷遺失殆盡，以致經辦審核數字無從查報，統計
三十三年度經本部審核之各機關會計報告計算數，共為
一百三十八億六千七百四十九萬二千五百二十四元五角
八分，經已核准及存查者為一百零五億零五百四十四萬
零三百五十八元二角，已確定之剔除數共為三億五千五
百一十八萬八千二百五十七元一角九分，其餘尚在行文
查詢中，茲將審核各費依照預算科目整理列表如左：

科目	計算數	剔除數	核准或存查數
總計	13,867,492,524.58	355,188,257.19	10,505,440,358.20
（甲）普通歲出	10,391,700,389.30	355,152,865.16	9,154,452,919.15
一、中央歲出	9,721,533,073.24	354,693,332.30	8,579,104,924.29
1. 國務支出	53,147,433.75	113,602.00	27,515,460.49
2. 行政支出	120,060,336.55	33,070.90	68,993,004.98
3. 立法支出	17,574,333.44	33,575.00	942,592.00
4. 司法支出	12,049,613.50	823.90	5,922,492.95
5. 考試支出	40,008,722.65		10,015,614.65
6. 監察支出	26,032,181.15	1,543.45	20,615,966.41
7. 教育文化支出	351,307,134.60	26,329.36	230,444,044.65
8. 經濟及交通支出	60,618,776.79	1,480.00	31,279,174.13
9. 衛生支出	101,054,938.42	27.50	68,413,916.06
10. 社會救濟支出	173,646,866.03	194,116.05	69,559,775.16
11. 國防支出	8,138,773,282.13	354,149,950.38	7,741,485,861.47
12. 外交支出	5,737,086.05	17,718.00	2,206,719.65

科目	計算數	剔除數	核准或存查數
13. 僑務支出	4,523,207.92	80.00	2,596,596.73
14. 財務支出	616,999,160.26	125,015.76	299,113,704.96
二、省市支出	670,167,316.06	459,532.86	575,347,994.86
1. 四川省	9,092,766.59	22,346.90	9,070,419.69
2. 湖南省	3,038,784.31	82.25	1,293,166.19
3. 陝西省	69,977,849.38		69,977,849.38
4. 甘肅省	104,182,614,68	902,00	98,866,847.25
5. 雲南省	1,053,796.00		1,053,796.00
6. 貴州省	90,154,236.55	4,628.80	80,758,438.93
7. 湖北省	24,407,252.26	51,953.98	24,048,729.43
8. 廣西省	39,920,357.07		39,920,357.07
9. 江蘇省	2,165,253.57	9,306.47	2,155,947.10
10. 浙江省	78,390,191.07	217,527.18	78,172,663.89
11. 安徽省	8,230,471.51	11,577.91	8,141,627.12
12. 江西省	30,507,297.99	70.00	27,575,188.16
13. 福建省	111,497,055.58	40,762.98	103,111,242.70
14. 重慶市	97,549,387.50	100,374.39	35,201,721.95
（乙）建設歲出	2,494,131,482.10	4,275.00	371,743,378.48
一、經濟建設費	1,602,958,881.53	1,450.00	81,827,740.23
二、水利建設費	461,651,171.20	2,825.00	202,683,697.13
三、農林建設費	130,054,893.07		57,029,742.74
四、交通建設費	299,466,536.30		30,202,198.38
（丙）特別歲出			
一、糧食費	277,715,076.26	25,749.60	276,090,314.18
（丁）中央公務員			
生活補助及公糧	703,945,576.92	5,367.43	703,153,746.39

　　稽察為動態之審計部門，與監督財務關係彌切，本年度支出益繁，事務驟增，舉凡各機關支出之稽核，現金財物之檢查，營繕工程及購置，變賣財物之稽察，損

失現金財物，兼職兼薪，及控告案件之調查，財產報表
及借款契約之審查，公債還本抽籤暨軍用被服驗收之監
視等工作，均經一一依法切實辦理，其間糾舉不法，督
促改進，尚著成效。

第二節　普通歲出之審計

　　三十三年度國家總預算普通歲出，各門部併列三百一十九億三千八百二十六萬六千元，經追加追減及動支第二預備金等項，調整後預算總數為六百一十三億一千四百二十三萬五千三百八十九元零八分，共分為中央歲出及省市歲出兩部，中央歲出總計五百一十六億二千七百七十八萬二千二百三十五元七角二分，本部核簽支付書總數為三百八十四億一千三百五十一萬六千七百二十五元三角六分，除轉入下年度預算數三十二億二千六百三十六萬一千四百五十三元六角四分外，尚有預算餘額九十九億八千七百九十萬零四千零五十七元一角二分，省市歲出總計九十六億八千六百四十五萬三千一百五十三元三角六分，本部核簽支付書總數為四十七億四千一百七十四萬一千零六十五元二角三分，除轉入下年度預算數一億六千九百一十二萬七千三百二十八元外，尚有預算餘額四十七億七千五百五十八萬四千七百六十元零一角三分。

　　三十三年度以緊急命令撥付款，經本部核簽者總數為八百零四億八千四百四十九萬九千三百六十二元九角五分，除已成立法案冲轉七百一十九億五千二百零一萬九千七百五十一元八角八分，外尚有未冲轉餘額八十五億三千二百四十七萬九千六百一十一元零七分。

　　關於普通歲出各機關經費之送審情形，除大部均能依照規定編造送審外，其中債務支出及補助支費多項，迄未經主管機關編送動態報告，至未設審計處之各省市

支出，仍多未照本部與行政院商定辦法造送報表，茲就
各審計處已報部份，連同本部經辦部份統計結果計算
數，共為一百零三億九千一百七十萬零零三百八十九元
三角，核准及存查數共九十一億五千四百四十五萬二千
九百一十九元一角五分，已確定剔除數三億五千五百一
十五萬二千八百六十五元一角六分，其餘尚未清結。

至稽察事務本年度仍依照法令加緊進行，除由本部
派員辦理外，並分飭各省審計處、各審計辦事處、各就
地審計人員切實推行，至未設審計機關之區域，遇有應
行監視事項，並委託當地司法機關代為辦理，以期監督
嚴密，款不虛糜。一年之中案件雖較前繁多，處理則益
求周詳，綜其結果尚見進展。

第一目　中央歲出

本年度國家歲出總預算，普通歲出之中央歲出原預
算數為二百六十五億七千二百一十八萬九千八百七十五
元，撥出數三億三千九百六十三萬四千九百一十五元，
撥入數二百七十二萬三千二百五十元，動支第二預備金
一億二千九百三十四萬九千三百五十九元，追加數二百
三十七億四千六百六十萬零四千零五十五元零六分，追
減數一千五百六十萬零零一百九十三元，及以前年度預
算轉入數一十五億三千二百一十五萬零八百零四元六角
六分，計調整後預算數共為五百一十六億二千七百七十
八萬二千二百三十五元七角二分，本部核簽數總計為
三百八十四億一千三百五十一萬六千七百二十五元三角
六分。

　　在京中央機關之事後審計，本部除派就地審計人員隨時辦理外，復經分別派員抽查帳冊以明實際，至京外各中央機關併經各省審計處隨時派員抽查，所有查核結果均已分詳下列各款，總計中央歲出送審計算數共為九十七億二千一百五十三萬三千零七十二元二角四分，核准數共八十五億七千九百一十萬零四千九百二十四元二角九分，已確定剔除數三億五千四百六十九萬三千三百三十二元三角，又各機關公務員生活補助費及公糧，因仍照向例於審核後通知存查，爰將審核情形另節陳述，未列計於各項支出內合併陳明。

　　中央各機關稽察事務之推行，較諸前歲益形擴展，案件亦倍見增加，內以監視事項為最多，檢查及稽核事項次之，調查又次之，尤注意效率之考查暨被訴財務上不法案件之追查，以宏效用。至稽察結果，分詳以次各節。

第一款　政權行使支出

　　政權行使支出本年度預算，各門部原列一十二億七千五百八十三萬九千八百三十元，動支第二預備金二千四百五十五萬三千六百八十九元，追加數九億九千一百九十三萬八千八百二十二元，以前年度預算轉入數二千六百六十五萬六千八百三十六元計，調整後預算數共為二十三億一千八百九十八萬九千一百七十七元，本部核簽支付書數為一十四億九千四百五十九萬九千九百七十元零四角二分，除轉入下年度預算數三億三千一百萬元外，尚有預算餘額四億九千三百三十八萬九千二百

零六元五角八分。

其事後會計報告之審核，由中央監察委員會稽察處辦理，不屬本部職權範圍。

第二款　國務支出

國務支出本年度預算，各門部原列八千零五十六萬九千二百五十六元，動支第二預備金一百二十三萬六千四百五十六元，追加數九千六百九十三萬二千六百八十一元九角九分，以前年度預算轉入數二百五十一萬一千五百七十四元計，調整後預算數共為一億八千一百二十四萬九千九百六十七元九角九分，本部核簽支付書數為一億七千四百一十六萬八千四百一十一元零六角七分，預算餘額尚有七百零八萬一千五百五十七元三角二分。

各單位會計報告，除總理陵園管理委員會全部未送，及文官處、國史館籌備委員會造送未齊外，餘均全部送齊審核，結果計剔除參政會駐會委員出席費，及秘書長重複支領特別辦公費，主計處列報便餐費，又經濟動員策進會報支各項私人應酬及招待等費，經查不合，均予決定剔除。統計國務支出項下審核計算數，共五千三百一十四萬七千四百三十三元七角五分，決定剔除一十一萬三千六百零二元整，已核准存查數二千七百五十一萬五千四百六十元零四角九分，其餘尚未清結。

國務支出各機關財務之稽察事務，經依法辦理結果，國民政府修理房屋工程，文官處印製職員錄及任用狀，印鑄局製造雲麾勛章鋼模，主計處訂製工役制服，國民參政會印刷大會提案購置制服呢、汽車、酒精、紙

張等開標決標驗收案及，參軍處財務處理，尚無不合，惟文官處三十二年度經費結餘及平價米代金餘額均未依法繳庫，主計處財物保管未臻嚴密，經予糾正。

第三款　行政支出

行政支出本年度預算，各門部原列二億五千八百四十三萬五千六百八十九元，動支第二預備金四百七十四萬八千零三十四元，追加數六億二千一百二十七萬八千八百七十八元五角，追減數二百一十六萬六千元，以前年度預算轉入數一十三萬三千二百四十一元六角九分，調整後預算數共為八億八千二百四十一萬九千九百四十三元一角九分，本部核簽支付書數為八億三千零零四萬六千三百八十三元九角九分，除轉入下年度預算數二千九百六十九萬元外，尚有預算餘額二千二百六十八萬三千四百五十九元二角整。

各單位會計報告，除行政院專用無線電台、邊疆工作人員介紹所未能送齊，又敵國人民第一收容所、第三收容所及一部份蒙旗宣化使公署等尚未造送外，其餘均已送達，審核結果，計行政院列報職員米貼，不合規定，全國行政會議經費列支贈送各出席代表公費，國家總動員會議列報兼職人員支領定額交通費，邊疆工作人員介紹所列報聚餐費，液體燃料管理委員會列報員工醫藥補助費，不合規定，電影檢查所列報經費超越預算，內政部列報聚餐茶點，蒙藏委員會溢支俸薪工餉及犒賞，司法行政部列報已逾代理期間職員俸薪，並溢支工餉、列報聚餐飯菜宿費，最高法院檢查署列報迄

未送經銓審人員俸薪，以及各省法院支出不合規定等
項，均經分別予以剔除。至如俸薪表未註明任職等級，
以及報表列數核有未符之處，亦經行文查詢。統計審
核計算數共一億二千零零六萬零三百三十六元五角五
分，決定剔除數共三萬三千零七十元零九角，核准數共
六千八百九十九萬三千零零四元九角八分，其餘未據聲
復結案。

　　行政支出各機關財務之稽察事項，均經依法辦理，
綜其結果，行政院修理汽車、購置臘紙，會計處購置職
員宿舍，內政部訂製警察制服，地政署印製地政法規、
購置車床鉛塊，蒙藏委員會購置汽車，警察總隊標製長
警服裝，及四川水上警察局標賣廢艇開標訂約驗收各
案，均無不合，行政院及地政署，財物保管亦屬妥善，
惟蒙藏委員會臨時費應繳國庫款項，為數頗鉅，液體燃
料管理委員會平價米代金，未按時解繳，國家總動會議
暫付款項延不沖轉，上年度經費節餘亦未繳庫，均經分
別予以糾正。

第四款　立法支出

　　立法支出本年度預算，各門部原列二千四百三十九
萬八千七百八十六元，動支第二預備金一十六萬元，追
加數一千八百八十九萬一千二百五十四元，調整後預算
數共為四千三百四十五萬零零四十元，本部核簽支付書
數為四千一百六十萬零二千六百六十六元，預算餘額尚
有一百八十四萬七千三百七十四元整。

　　立法院三十三年度經臨各費會計報告大致送齊，除

決定剔除會餐各費，及無付款機關名稱之單據共三萬三千五百七十五元外，其餘尚無不合。統計審核計算數一千七百五十七萬四千三百三十三元四角四分，已核准數九十四萬二千五百九十二元，其餘經行文查詢，未據聲復結案。

立法院財務處理狀況，經依法稽察，結果大致尚屬良好，惟公糧剩餘未按期抵繳，借支款項為數甚鉅，經予糾正。

第五款 司法支出

司法支出本年度預算，各門部原列八億七千零九十三萬八千零七十四元，追加數一十三億三千七百六十四萬七千九百四十四元八角九分，以前年度預算轉入數五百三十三萬八千二百三十七元四角五分，調整後預算數共為二十二億一千三百九十二萬四千二百五十六元三角四分，本部核簽支付書數為一十五億三千五百七十七萬四千七百五十九元六角六分，除轉入下年度預算數一億五千零五十四萬三千一百二十八元九角一分外，尚有預算餘額五億二千七百六十萬零六千三百六十七元七角七分。

各單位經費類會計報告，除臨時部份，其餘大致送齊，審核結果，除司法院列報會餐費，中央公務員懲戒委員會列報例會膳費，及最高法院列報住宿津貼，經通知予以剔除外，其餘大致尚無不合，送審計算數共為一千二百零四萬九千六百一十三元五角，決定剔除數八百二十三元九角，核准數五百九十二萬二千四百九十二元

九角五分，其餘未據聲復結案。

司法支出各機關財務之稽察事項，經依法辦理，結果司法院暫付款數目鉅大，久未冲轉，公糧結餘未按期抵解，司法行政部庫存現金及墊付暫付各款為數均鉅，經費結餘亦未解繳，中央公務員懲戒委員會賬簿登記遲緩，最高法院公糧剩餘未按期抵解，歲入款項延不解庫，行政法院及最高法院檢察署食米及代金結餘，均未依照規定解繳，業經分別予以糾正，至司法行政部修理汽車，印製司法印紙暨民刑狀紙，重慶實驗地方法院修建辦公房屋等比價訂約驗收各案，則尚無不合。

第六款　考試支出

考試支出本年度預算，各門部原列五千一百九十萬零三千三百四十四元，動支第二預備金一十六萬元追加數五千九百七十一萬一千零二十五元，以前年度預算轉入數五萬四千九百八十九元二角五分，調整後預算數共為一億一千一百八十二萬九千三百五十八元二角五分，本部核簽支付書數為一億零七百二十一萬五千八百六十九元五角，除轉入下年度預算數三百四十三萬七千五百零二元四角外，尚有預算餘額一百一十七萬五千九百八十六元三角五分。

各單位會計大體造送齊全，審核結果考試院列報法規會議餐費，考選委員會列報茶點費及飯菜費，銓敘部列有跨越兩個年度之支出，均經分別通知剔除，查詢尚未據聲復。統計審核計算數四千萬零零八千七百二十二元六角五分，已核准存查數為一千零零一萬五千六百一

十四元六角五分，其餘未據聲復結案。

　　考試院暨所屬機關財務之稽察事務，均依法隨時辦理，稽察結果，考試院增建辦公房屋工程，購置職員宿舍，銓敘部建築辦公室工程，印製銓敘法規，考選委員會修建房屋工程，購置雙層卡片，開標、訂約、驗收各案均無不合，惟考試院現金出納賬登記遲緩凌亂，庫存現金與賬冊記載亦不相符，銓敘部現金實際結存數與帳列不符，考選委員會三十一年度考試費剩餘尚未解庫，已分別予以糾正。

第七款　監察支出

　　監察支出本年度預算，各門部原列九千一百八十九萬三千九百六十三元，動支第二預備金一百四十八萬四千二百一十元，追加數一億二千二百六十七萬一千二百二十四元，以前年度預算轉入數九十萬零七千三百七十二元三角五分，調整後預算數共為二億一千六百九十五萬六千七百六十九元三角五分，本部核簽支付書數為二億零七百七十五萬九千九百六十三元九角五分，尚有預算餘額九百一十九萬六千八百零五元四角整。

　　各單位會計報告大體送齊，審核結果，監察院列報職員膳食津貼，戰時視察費列支超越預算，江蘇監察使署列支經費超越預算，審計部圖書費、俸薪及膳食費，均有多列情事，貴州省審計處列報修理公文箱單據未註付款機關名稱，廣西審計處列報職員回桂汽車費及工役支領其他特別費原因不明，安徽省審計處列報駐審人員補助費，又皖南辦事處經費憑便條列報，河南省審計處

列報招待費，福建省審計處溢支工餉，浙江省審計處列報職員伙食補助費，四川省審計處溢支工餉，以上各項均經分別通知剔除或查詢。統計審核計算數二千六百零三萬二千一百八十一元一角五分，決定剔除數一千五百四十三元四角五分，核准數二千零六十一萬五千九百六十六元四角一分。

監察支出各機關財務之稽察事務，經依法辦理結果，監察院購置汽車，審計部購置人力車，國庫總庫審計辦事處修理辦公房屋，開標、驗收各案均無不合，監察院、鹽務總局、審計辦事處財務處理情形亦屬良好。

第八款　教育文化支出

教育文化支出本年度預算，各門部原列二十四億六千二百二十萬零四千四百九十八元，動支第二預備金四千零一十五萬五千三百二十一元，追加數二十二億七千六百五十萬零零九百五十六元二角三分，追減數一千一百九十一萬七千四百九十三元，以前年度預算轉入數一千五百三十二萬四千七百五十六元八角三分，調整後預算數共為四十七億八千二百二十六萬八千零三十九元零六分，本部核簽支付書數為四十三億六千二百一十一萬零四百五十八元二角三分，除轉入下年度預算數三千八百零六萬一千三百二十七元外，尚有預算餘額三億八千二百零九萬六千二百五十三元八角三分。

三十三年度其他教育經費項下如：中央政治學校戰時青年訓導團，三民主義青年團，以及廣播事業各省中央通訊分社黨務費等經費，均由中央黨部及三民主義青

年團主管，不屬本部審核範圍。又本年度屬於經常門常時部份之各大學、中學及各單位之經費，均已單獨成立預算，至各單位之臨時費則仍由教育部統籌支配，該項分配預算既未送齊，法案手續復不具備，雖經派員實地抽查，惟被查單位動支經費之來源殊難稽考，以致事後審核倍感困難，往往每一案件往返查詰歷久，仍無結果。

　　三十三年度教育文化各單位經費類會計報告審核及抽查結果，計教育部列報餐費及交際費；中央研究院技工有兼職兼薪情事，及列報聚餐費、招待等費；上海醫學院列支學生營養費；中央高級助產職業學校列報一部份支出年度不符；中央工業專科職業學校列報低級人員救濟費，貴州醫學院列報旅費，不符規定；貴陽師範學院報支香烟招待費，以上報支各款核與規定不符，經予分別通知剔除在案。統計審核計算數三億五千一百三十萬零七千一百三十四元六角，決定剔除數二萬六千三百二十九元三角六分，已核准存查數二億三千零四十四萬四千零四十四元六角五分。

　　教育及文化機關財務之稽察事務，經依法辦理結果，交通大學添建實習工廠工程，建築女生宿舍工程，購置教室棹椅；復旦大學建築校舍工程，音樂院分院修理碉堡工程；上海醫學院添建宿舍工程；中央民眾教育館購置地基；中央研究院標賣歌樂山生機路樓房；重慶大學訂製校具，購置雙人床；中心印書局購置機器；科學儀器製造廠購置廠房等，開標、訂約、驗收案暨藥學專科學校香港事變損失藥品案、稅務專科學校焚燬房舍

案、青海實用職業學校被劫損失購糧等款案，尚無不
合，惟中央研究院、江蘇醫學院、社會教育學院附屬中
學大學先修班、第十二中學、第十七中學、藥學專科學
校、重慶師範學校、生物標本製造所、歌劇學校等機關
借款或透支，理由均欠充分，經予駁復。中央大學記賬
遲緩，暫付款延不冲轉，復旦大學公款未悉存公庫或國
家銀行，借款契約未送審核；科學儀器製造所購置土地
廠房未依法令辦理會計事務處理，尚欠妥善；重慶大學
公款存放商業銀行；中央研究院賬冊登記遲緩，經管款
項未悉存儲國家銀行；中央工業職業學校上年度經費結
餘及代收款俱未解繳，財產目錄亦未編造；江蘇醫學院
挪用歲入款項；交通大學財物保管紊亂；國立編譯館平
價米結餘未予抵解；四川造紙印刷科職業學校教師曹樹
仁兼職兼薪，已分別予以糾正。

第九款　經濟及交通支出

　　經濟及交通支出本年度預算，各門部原列二億零六
百六十萬零三千八百一十九元，動支第二預備金三百一
十六萬五千八百二十七元，追加數四億一千一百一十五
萬六千九百二十元零七角八分，追減數二十六萬八千七
百元，以前年度預算轉入數四十二萬一千九百三十七元
五角，調整後預算數共為六億二千一百零七萬九千八百
零四元二角八分，本部核簽支付書數為四億零三百三
十三萬三千零八十三元三角七分，除轉入下年度預算數
三千一百二十二萬五千七百零九元二角八分外，尚有預算
餘額一億八千六百五十二萬一千零一十一元六角三分。

　　各單位會計報告大致均已造送，其中如中央地質調查所採金局、中央工業試驗所礦冶研究所、度量衡局等機關，仍照往年成例除在本支出列支經費外，另於建設歲出項下列支事業費，其審核情形分詳後文。本年度審核結果計，糧食部調查費尚有未支出分配數應行繳庫，商標局列報溢支旅費及委任職人員支領特別辦公費，地質調查所列報未經銓敘任用人員之俸薪，長江航政局列報船舶碰撞糾紛委員會委員公費，以上各項或因支出情形不明，或因不合規定，均經分別通知繳庫或剔除，查詢在案。統計送審計算數六千零六十一萬八千七百七十六元七角九分，決定剔除數一千四百八十元，已核准存查數三千一百二十七萬九千一百七十四元一角三分，其餘未據聲復結案。

　　經濟及交通機關財務之稽察事務，本年內均經依法辦理，綜其結果各該機關營繕工程及購置變賣財物，大致尚能依法辦理。水利委員會、揚子江水利委員會財務處理均屬妥善，惟糧食部上年度經臨費結餘迄未解繳庫存，現金與賬列數目亦不相符，川康藏電政管理局賬簿未隨時登記利息，及罰款收入未予解庫，郵寄遺失單據未附證件，水利示範工程處記賬遲緩，平價米結餘未依照規定按期抵解公庫存儲商業銀行，中央水利實驗處暫付款項久未收轉，經費結餘亦未依法繳庫，全國度量衡局及重慶商品檢驗局平價米收付賬項未隨時清結，燃料管理處登賬稽延，中央農業實驗所技正劉淦芝兼領兩項特別辦公費，經濟部統計處薦任科員張以忠兼職兼薪，陝西電政管理局在防空洞內散失傳票，顯有疏忽，廣東

電政管理局遺失二十六、七年經辦各項工程費單據，報
核遲緩，證件欠缺，已分別予以糾正。

第十款　衛生支出

衛生支出本年度預算，各門部原列九千零五十六萬
五千九百八十七元，動支第二預備金七十二萬五千七百
六十元，追加數一億一千七百九十二萬三千六百一十六
元，以前年度預算轉入數三百四十二萬八千一百三十六
元，調整後預算數共為二億一千二百六十四萬三千四百
九十九元，本部核簽支付書數為一億八千六百五十二萬
九千九百零六元四角，除轉入下年度預算數七百一十三
萬二千一百七十七元四角六分外，尚有預算餘額一千八
百九十八萬一千四百一十五元一角四分。

各單位會計報告，除邊疆衛生院所等少數機關尚未
送達外，其餘大致均已送齊，審核結果，衛生署列報歲
出應付款未附權責發生證件及溢支俸薪，沙磁衛生實驗
區列支職員伙食補助費，漢宜渝檢疫所列報職員借支俸
薪，均經將審核情形分別通知補送證件，或予查詢在
案。統計送審計算數一億零一百零五萬四千九百三十八
元四角二分，決定剔除數二十七元五角，已核准存查數
六千八百四十一萬三千九百一十六元零六分，其餘未據
聲復結案。

各衛生機關財務之稽察事項，均經依法辦理，綜其
結果，衛生署訂製藥箱，建築會計室、辦公房屋，購置
汽油、酒精，中央醫院建築房屋工程、購置房屋，中央
防疫處購置紗布及菌苗瓶，漢宜渝檢疫所建築房屋工

程，中央衛生實驗院興建沙磁區職員宿舍工程、建築生
物製品鑑定室、動力工程、購置蒸溜水製造器，代汽
油、酒精、戰時醫療藥品，經理委員會購置注射器、藥
品、藥棉、儀器，重慶接收站建築庫房工程等，比價、
開標、訂約、驗收各案尚無不合，惟衛生署以前年度臨
時費結餘，迄未解繳，中央衛生實驗院食米及代金未按
時清結，職員支領額外津貼，中央醫院前任院長交代不
清，暫付款數目鉅大，庫存現金與賬列不符，均經分別
予以糾正。

第十一款　社會及救濟支出

　　社會及救濟支出本年度預算，各門部原列二億九千
七百七十六萬八千三百五十六元，動支第二預備金
一千五百九十六萬零零六十二元，追加數一十一億二千
九百七十四萬九千四百四十五元零七分，以前年度預算
轉入數五百二十一萬四千一百零四元三角六分，調整後
預算數共為一十四億四千八百六十九萬一千九百六十七
元四角三分，本部核簽支付書數為一十二億六千一百
萬零零七千一百四十六元八角，除轉入下年度預算數
二千五百二十一萬九千三百四十元外，尚有預算餘額
一億六千二百四十六萬五千四百八十元零六角三分。

　　關於本支出事後審計，因各機關分散各處，且振濟
委員會主管振濟經費，歷係針對需要統籌支配其分設各
處之救濟、施診、收容等站所，大多係臨時性質，故各
單位送審情形至為繁複。本年度審核結果，計社會部列
報出席聯合國善後救濟會議人員旅費未附支出憑證、又

於本年度內提前報支旅費，以及在事業費內列報職員伙食補助費、暫付印刷費、聯誼費、聚餐費、公宴費等，經核與規定不符均已分別通知剔除，或查詢在案。統計送審計算數為一億七千三百六十四萬六千八百六十六元零三分，決定剔除數一十九萬四千一百一十六元零五分，已核准存查數六千九百五十五萬九千七百七十五元一角六分，其餘未據聲復結案。

　　社會部及振濟委員會暨所屬機關財務之稽察事務，經依辦理結果，社會部暫付墊付，各款延不冲轉，未經登帳之支出為數頗鉅，勞動局上年度經臨費結餘，迄未繳解，會計事務處理遲緩，第三兒童教養院前任院長交代未清，財物保管頗欠週密，以前年度經臨費結餘亦未解庫，北碚中醫院食米及代金結餘未依照規定清解，重慶實驗救濟院暫付款項數目甚鉅，前後任院長交代手續久未清結，兒童教養機關輔導隊及重慶第二育幼院，以前年度經費暨米代金結餘，均未繳庫，節經分別糾正，以策改進，又運送配置難民昆明總站主任倪覺吾兼職兼薪案，經查明屬實，當函請其上級機關予以處分，並追繳兼領薪津，至各該機關營繕工程及購置財物各案，尚鮮不合。

第十二款　國防支出

　　國防支出本年度預算，各門部原列九十三億零八百三十七萬四千九百二十一元，追加數一百二十三億八千九百二十五萬五千六百一十二元，以前年度預算轉入數八百九十八萬四千四百元，調整後預算數共為二百一十

七億零六百六十一萬四千九百三十三元，本部核簽支付
書數為一百六十六億九千八百一十九萬九千二百一十六
元七角，預算餘額尚有五十億零零八百四十一萬五千七
百一十六元三角整。

　　關於國防支出，預算經費之支配統由軍政部主管，
其會計報告之編送，亦由軍政部會計處及其所屬各分處
先事初核，再行轉送本部或軍政部會計處各分處所在地
之審計處審核，本部除參照軍政部會計處初核意見斟酌
辦理外，其尚有手續不合，支出不清情事，仍經隨時通
知糾正或剔除，審核結果，計第七戰區幹部訓練團列報
縮編人員遣散費未附計算書表，軍需署駐印辦事處列報
汽車費未註明印幣與國幣之折合率，第八十六站醫院滅
虱費未附支出憑證，軍需學校列報元旦慶祝費，兵工署
昆明辦事處第六、七、八、九各庫報支技術人員及官佐
津貼，城塞局列支烟酒等費，軍訓部列報端午節加發薪
餉，雲南軍管區列報紙烟招待費，駐甘糧秣處列報會餐
費，空軍第三路司令部以借據作正報銷，軍醫署列報印
刷費未附樣張，駐甘糧秣處第二十八倉庫列報辦公費
內有多數單據，顯係偽造，兵工署第四軍械總庫列報
員兵獎金，未抄附呈准原案，後勤部副官處列報烟酒
費，又各地軍事機關報送之購置營繕經費，大多漏附驗
收證明書，以上各項或因漏送證件，或因支出不合規定，
均經分別通知，補送查詢或剔除在案。統計送審計算數為
八十一億三千八百七十七萬三千二百八十二元一角三分，
決定剔除數為三億五千四百一十四萬九千九百五十元零
三角八分，已核准存查數為七十七億四千一百四十八萬

五千八百六十一元四角七分，其餘未據聲復結案。

　　各軍事機關財務之稽察事務，本年度均經依法辦理，內以監視營繕工程，及購置財物開標決標訂約驗收案為最多，監驗軍用被服案件次之，稽察結果，營繕方面共核減工價一百八十七萬四千八百七十六元九角二分，購置方面核減六十萬零一千一百五十元，軍用被服方面共罰款六百一十二萬三千六百七十四元七角四分，追繳餘料二十九疋一千九百零四碼、強灰布九十碼、白布七十六碼、面巾布四疋三十五碼、棉花四千四百五十六斤強，至辦理不合規定之處如（一）材料不良。（二）工作遲緩。（三）工程與原圖說不符。（四）購置財物未經監驗即行使用。（五）被服重量減輕等節，並經分別予以糾正。

第十三款　外交支出

　　外交支出本年度預算，各門部原列八千九百一十二萬三千五百七十七元，追加數六千一百四十七萬一千四百二十元，追減數一百二十萬元，調整後預算數共為一億四千九百三十九萬四千九百九十七元，本部核簽支付書數為一億一千五百七十萬零二千五百三十七元三角三分，除轉入下年度預算數二百三十六萬七千零二十元外，尚有預算餘額三千一百三十二萬五千四百三十九元六角七分。

　　各單位送審情形，計本部審核之外交部經費，及各省審計處經辦之各省區特派員辦公處經費類會計報告，均已送齊，至各使領館則從未造報，外交部主管之宣傳

情報及招待等臨時費，亦均未送審，其已送部份經查，除駐甘肅特派員辦公處列報旅費，超越規定應予剔除，及外交部譯電獎金應補送正式收據外，其餘送審各件核無不合，統計送審計算數為五百七十三萬七千零八十六元零五分，決定剔除數一萬七千七百一十八元，核准數二百二十萬零六千七百一十九元六角五分，其餘未據聲復結案。

外交部財務之稽察事務，本年度經依法辦理結果，建築辦公樓房及防空洞等工程開標比較驗收各案尚鮮不合，惟暫收及保管款內之外幣部份，數年未予清結，業經通知注意。

第十四款　僑務支出

僑務支出本年度預算，各門部原列八百八十二萬八千六百二十一元，追加數一千零五十一萬六千零九十六元，以前年度預算轉入數一萬零九百零二元，調整後預算數共為一千九百三十五萬五千六百一十九元，本部核簽支付書數為一千七百二十萬零七千七百七十一元，除轉入下年度預算數二十二萬七千八百一十元零八角一分外，尚有預算餘額一百九十二萬零零三十七元一角九分。

屬於本支出之各單位會計報告，除僑務委員會及該會駐在各地歸僑指導處之一部已送齊外，至散在沿海各省之僑務處，應由駐在地之各省審計處審核者，均未送審。本年度審核結果，僑務委員會列報茶點費不合規定，又報支職員受訓補助費、出差膳費由廚役經報，以

及定額交通費等，其支付標準及原因均不詳，回國僑民
事業輔導委員會列報職員交通費有無法令，依據欽縣及
遂溪兩歸僑指導處列報經費，超越預算，是否呈准追加
有案，經已分別查詢或通知剔除。統計送審計算數為
四百五十二萬三千二百零七元九角二分，決定剔除數
八十元，已核准存查數二百五十九萬六千五百九十六元
七角三分，其餘未據聲復結案。

僑務機關財務之稽察事務，經依法辦理結果，僑務
委員會會計事務之處理頗為紊亂，食米及代金未按時清
結，財物保管亦欠妥善，已通知改進，又該會委員長等
被控私售公糧案，經派員調查並函請行政院切實糾正。

第十五款　財務支出

財務支出本年度預算，各門部原列三十六億七千四
百一十八萬四千三百四十三元，追加數二十九億七千三
百四十七萬八千九百八十一元六角，以前年度預算轉入
數七千一百四十一萬九千七百八十一元九角四分，調整
後預算數共為六十七億一千九百零八萬三千一百零六元
五角四分，本部核簽支付書數為五十二億零一百二十四
萬六千八百五十四元三角八分，除轉入下年度預算數二
千八百萬元外，尚有預算餘額一十四億八千九百八十三
萬六千二百五十二元一角六分。

各單位會計報告，除散居各省之稅局、田賦管理處
及海關，由各該機關駐在地之審計處經辦審核外，其逕
送本部審核者，計有財政部及其所屬各署處會，茲依照
預算科目分項說明審核情形如後。

　　財政部及所屬機關會計報告，三十三年度業已送齊，除財政部列報員工團體壽險費核與規定不合，及溢支工餉、列支專員特別辦公費等，已予通知剔除外餘無不合。

　　田賦管理委員會及其主管部份，除該會本身送由本部審核外，至所屬各省田賦管理處則分由各駐在地審計處辦理，且十九均已派有就地審計人員，常駐各處監督收支審核結果，計雲南省田賦管理處延未造送會計報告，已由該省審計處予以催告，廣西省田賦管理處因經費預算分配情形不明，已予查詢其餘各省田賦管理處經費類會計報告，均經審核大致尚符規定，至各田賦機關經管歲入情形，經派員分別實地抽查，所有經過具詳歲入審計部份，茲不重贅。

　　各稅務機關經管歲入之抽查情形，亦已於歲入審計一章中論及，至各該單位經費類送審及抽查結果，計東川稅務管理局列報雇員薪俸溢支一百六十元，陝西商縣直接稅分局經費累計表，實付數與現金出納表支出數不符，安康直接稅分局列支經費超越預算，貴州稅務管理局及貴陽稅務徵收局列報旅費，除滑竿費外另支挑費，核與本部四九二次審計會議之決議不符，其餘部份大致尚無不合。

　　其他各單位會計報告之審核結果，計財政研究委員會列報出席費不符規定，宜川查緝所開辦費有浮報情事，桂林區銀行監理官辦事處列報無付款機關名稱之水彩盒等費，均經分別予以剔除，至財務支出之各項票照印刷、製運等經費會計報告，迄未准編送齊全。

　　總計本支出送審計算數為六億一千六百九十九萬九
千一百六十元零二角六分，決定剔除數一十二萬一千零
一十五元七角六分，核准數二億九千九百一十一萬三千
七百零四元九角六分，其餘經行文查詢，尚未據聲復
結案。

　　財務機關之稽察事務，本年度均經依法辦理。綜其
結果，各該機關對於營繕工程及購置財物，多尚能依照
規定程序辦理，財政部關務署專賣事業管理局、川東稅
務管理局財務處理狀況亦尚良好，惟火柴專賣公司賬簿
未按時登記專賣利益，亦未解繳，菸類專賣局賬冊，記
載尚欠確實，國庫署向中央銀行借支款項，為數頗鉅，
緝私署上年度經費結餘及歲入款，均未解庫，直接稅署
上年度決算尚未編造，貿易委員會全國財務人員訓練
所，及外匯管理委員會平價米剩餘，均未按照規定抵
解，田賦管理委員會墊付職員伙食手續不合，貨運管理
局公債籌募委員會，及重慶直接稅局分局暫付款項久未
收回，中央造幣廠廠長席德柄兼職兼薪，均經分別予以
糾正。又浙江食鹽收運處職員虧欠公款二萬二千零八十
八元五角一分，鹽務總局江西聯運處新浦分處，被竊食
鹽四十七擔十七斤半，甘肅康樂縣田賦糧食管理處，存
放商號公款一萬一千一百元被水沖沒等案，以經管人員
顯有怠忽，已通知追償，不予存查，至川北鹽務管理局
局長怠忽職守，遺失鉅款一案，情節重大，並呈請監察
院核辦。

第十六款　債務支出

債務支出本年度預算，各門部原列六十七億零九百八十二萬八千六百四十二元，追加數九億一千九百一十八萬九千三百五十二元，以前年度預算轉入數一十三億四千六百六十九萬七千三百九十元零二角九分，調整後預算數共為八十九億七千五百七十一萬五千三百八十四元二角九分，本部核簽支付書數為五十四億七千四百八十四萬八千六百八十五元九角六分，除轉入下年度預算數二十五億六千一百四十五萬七千四百三十七元三角八分外，尚有預算餘額九億三千九百四十萬零九千二百六十元零九角五分。

關於本支出之會計報告，雖經函催財政部依法編送，迄未准照辦。

各項公債之還本抽籤及每次付息數額，經稽察結果，均尚能按照發行條例分別辦理，並無不合。

第十七款　公務人員退休及撫卹支出

公務人員退休及撫卹支出本年度預算，各門部原列二億一千萬元，撥出數五千零九十三萬三千元，調整後預算數為一億五千九百零六萬七千元，本部核簽支付書數為四千二百二十一萬四千七百零三元，除轉入下年度預算數一千萬元外，尚有預算餘額一億零六百八十五萬二千二百九十七元正。

第十八款　補助支出

補助支出本年度預算，各門部原列五千九百一十四

萬三千三百二十九元，追加數一億一千八百八十三萬九千八百二十五元，追減數四萬八千元，以前年度預算轉入數四十萬零七千一百四十五元，調整後預算數共為一億七千八百三十四萬二千二百九十九元，本部核簽支付書數為一億六千一百一十三萬八千一百三十八元，除轉入下年度預算數五百萬元外，尚有預算餘額一千二百二十萬零四千一百六十一元整。

第十九款　營業投資及基金支出

營業投資及基金支出本年度預算，各門部原列三千零七十五萬元，動支第二預備金三千七百萬元，追加數八千九百四十五萬元，以前年度預算轉入數四千四百六十四萬元，調整後預算數共為二億零一百八十四萬元，本部核簽支付書數為九千八百八十一萬零二百元，除轉入下年度預算數三百萬元外，尚有預算餘額一億零零零二萬九千八百元整。

第二目　省市歲出

本年度國家歲出總預算，普通歲出之省市歲出，原預算數為五十三億六千六百零七萬六千一百二十五元，動支第二預備金一億五千六百六十二萬九千三百零六元，追加數三十九億六千一百一十九萬三千五百八十九元七角六分，追減數五千一百四十萬零四千四百四十元零三角六分，及以前年度預算轉入數二億五千三百九十五萬八千五百七十二元九角六分，計調整後預算數共為九十六億八千六百四十五萬三千一百五十三元三角六分，本

部核簽支付書數總計為四十七億四千一百七十四萬一千零六十五元二角三分。

關於省市歲出事後審計，除重慶市部份由本部兼辦外，餘由分設各省審計處辦理，現已設有審計處者，計有四川、陝西、貴州、廣東等十五省，其未設立審計處省份，尚未能依照規定造報，又本年度因中原及湘桂線戰事關係，河南、廣東、廣西、湖南、江西、貴州各省審計處，交通梗塞，郵遞阻滯，且粵、豫兩省審計處因撤退途中遭受兵亂，案卷損失，無由查報，故報送本部之數字尚欠齊全。茲就已報部份統計，共審核計算數為六億七千零一十六萬七千三百一十六元零六分，決定剔除數為四十五萬九千五百三十二元八角六分，另有更正數一百九十三萬七千九百一十六元二角六分，核准數五億七千五百三十四萬七千九百九十四元八角六分，其餘尚未清結。

各省市支出之稽察，除未設審計處者外，均由該管審計機關依法辦理。本年度各省市政事競舉，支用膨漲，稽察事務，倍形繁賾，加以抗戰時期情勢異常，工作推動尤多艱阻，各審計處在人力財力極度困難之下，對於應行稽察之事項均能一一舉辦，似尚足述，至稽察結果分陳下列各款。

第一款　四川省

本年度四川省單位預算，政事別各款總數原列七億四千零五十五萬六千元，追加數八億零六百一十五萬一千六百零五元八角，追減數六千零零二元三角三分，

以前年度預算轉入數二十三萬零四百六十元零六角二分，調整後預算數共為一十五億四千六百九十三萬二千零六十四元零九分，本部核簽支付書數為六億二千七百九十三萬八千八百三十二元二角六分，尚有預算餘額九億一千八百九十九萬三千一百三十一元八角三分。

本部四川省審計處核簽撥款書總數，經常門常時部份三億四千四百三十萬零六千九百三十一元九角三分，臨時部份四億五千一百六十五萬九千二百零四元七角，特殊門三百三十一萬元。

該省各機關會計報告仍多未能依照法定期限送審，其已送者經核尚能符合規定，程式間有超支預算或支出不當之處，均已分別予以剔除，總計送審計算數九百零九萬二千七百六十六元五角九分，決定剔除數二萬二千三百四十六元九角，核准數九百零七萬零四百一十九元六角九分，均已清結。

該省各機關財務之稽察事務，均經依法辦理，內以監視營繕工程，及購置財物之比價開標訂約驗收案為最多，盤查各機關現金財物案次之，調查公務員財務上不法行為案又次之，稽察結果，營繕及購置方面共扣罰款二十一萬五千七百零六元二角，核減工價四萬二千五百二十七元二角，又各機關財務處理不合規定之處，如經營結餘未曾解繳，現金結存數目短少，挪用稅款久未歸還，墊付款項延不清結等項，俱已通知改進。至省政府委員吳景伯等兼領禁烟督理處特別辦公費，廣漢縣政府第二、三科長及軍事科科長兼職兼薪，並經查明兼領數額，分別剔除。

第二款　湖南省

本年度湖南省單位預算，政事別各款總數原列四億零一百二十五萬零五百元，追加數二億五千四百七十三萬一千三百二十八元，以前年度預算轉入數一千二百六十二萬零七百七十八元六角一分，調整後預算數共為六億六千八百六十萬零二千六百零六元六角一分，本部核簽支付書數為二億六千八百八十四萬六千九百三十元零八角，尚有預算餘額三億九千九百七十五萬五千六百七十五元八角一分。

本部湖南省審計處核簽撥款書總數，經常門常時部份九千四百一十五萬三千九百零八元三角七分，臨時部份二億四千八百四十萬零零四百三十二元四角二分特殊門二千四百七十六萬二千三百九十二元。

該省省級各機關會計報告，計有行政、教育文化、經濟建設、衛生治療、社會救濟、保安、公務人員退休及撫卹、其他等八個費別，共計二百餘單位多未能依照法定期限造送，其已送部份大致尚少疵謬，總計送審計算數三百零三萬八千七百八十四元三角一分，決定剔除數八十二元二角五分，已核准數一百二十九萬三千一百六十六元一角九分，其餘尚未清結。

該省各機關財務之稽察事務，經依法辦理結果，除營繕工程及購置財物方面共節省公帑一十一萬五千二百二十元外，至各機關收支方面仍有不合法令之處——如挪欠稅款、漏記稅收、任意借墊等項，並經依法糾正。

第三款　陝西省

本年度陝西省單位預算，政事別各款總數原列三億四千三百四十一萬二千元，動支第二預備金二千六百四十五萬九千六百七十五元，追加數一億九千九百四十六萬九千零零八元，調整後預算數共為五億六千九百三十四萬零六百八十三元，本部核簽支付書數為三億四千零七十九萬七千四百六十二元六角三分，尚有預算餘額二億二千八百五十四萬三千二百二十元零三角七分。

本部陝西省審計處核簽撥款書總數，經常門常時部份一億八千九百八十二萬零零七十九元九角三分，臨時部份二億零零八十六萬五千四百九十五元三角三分，特殊門四十萬元整。

該省各機關大致尚能依法編送會計報告，除少數機關因漏附現金出納表、出差旅費報告表，或科目流用法案，經通知後已准補送外，其餘尚無不合統計，已結案之送審計算數為六千九百九十七萬七千八百四十九元三角八分，均已核准清結。

該省各機關財務之稽察事項，均經依法舉辦，綜其結果，各機關對於營繕工程及購置變賣財物，多尚能按照法定程序辦理，其間有工料較差、製作遲緩或超過規定數額而不通知監視者，均立予糾正。至調查公務員兼職兼薪，審計上發生疑義暨公務員被控等類案件，與檢查現金財物及稽察收支時發覺之不合法令事項——如挪用公款、現金結存不符暨兼領薪津等——亦分別依法糾正。

第四款　山西省

本年度山西省單位預算，政事別各款總數原列一億零零四十二萬九千零六十元，追加數五千二百七十八萬三千六百六十二元，調整後預算數共為一億五千三百二十一萬二千七百二十二元，本部核簽支付書數為六千五百九十五萬八千零六十元，尚有預算餘額八千七百二十五萬四千六百六十二元。

第五款　甘肅省

本年度甘肅省單位預算，政事別各款總數原列二億零二百萬零零六千五百三十六元，追加數一億六千五百九十八萬四千七百五十元零六角六分，追減數五十七萬八千六百元，以前年度預算轉入數一百七十四萬四千一百四十元，調整後預算數共為三億六千九百一十五萬六千八百二十六元六角六分，本部核簽支付書數為一億五千五百二十六萬七千六百五十一元一角一分，尚有預算餘額二億一千三百八十八萬九千一百七十五元五角五分。

本部甘肅省審計處計核簽撥款書總數，經常門常時部份一億零九百五十一萬三千八百六十元零一角五分，臨時部份八千三百八十五萬七千四百七十四元七角九分。

其會計報告迄未編送或尚未送齊者，計有第九區行政督察專員公署，少數外縣省立中學校，各防空隊哨及無線電台等，其已送部份經查大致尚符規定，總計送審計算數共為一億零四百一十八萬二千六百一十六元六角八分，決定剔除數九百零二元，已核准數九千八百八十

六萬六千八百四十七元二角五分，其餘尚未清結。

第六款　西康省

　　本年度西康省單位預算，政事別各款總數原列一億二千六百零一萬九千一百九十九元，追加數七千八百三十五萬九千五百四十八元，以前年度預算轉入數七萬八千七百三十二元六角七分，調整後預算數共為二億零四百四十五萬七千四百七十九元六角七分，本部核簽支付書數為一億一千二百九十九萬三千一百三十八元五角六分，尚有預算餘額九千一百四十六萬四千三百四十一元一角一分。

第七款　雲南省

　　本年度雲南省單位預算，政事別各款總數原列三億零零一十一萬九千五百百元，動支第二預備金一千八百三十萬零六千元，追加數為一億三千四百三十六萬六千八百九十四元一角七分，追減數二百三十一萬四千五百七十一元，以前年度預算轉入數四百九十萬零九千三百七十三元一角三分，調整後預算數共為四億五千五百三十八萬七千一百九十六元三角，本部核簽支付書數為二億四千七百三十九萬二千四百七十一元七角一分，尚有預算餘額二億零七百九十九萬四千七百二十四元五角九分。

　　本部雲南省審計處核簽撥款書總數，經常門常時部份一億二千九百五十八萬三千九百一十八元七角，臨時部份二億零八百九十八萬六千九百四十元正。

　　該省審計處成立未久，省級各機關對審計法令多不
諳習，鮮能依照法定期限編造送審，其已送審者亦多因
編製不合規定，發還重編，本年度經審核結案者計算數
為一百零五萬三千七百九十六元，均已核准清結。

　　該省各機關財務之稽察事務，以監視營繕工程及購
置變賣財物、開標訂約驗收案件為較多，總計九十五起。
稽察結果，共扣罰款二十四萬六千一百四十二元六角，
其事前未經稽察程序及超出預算各案，並予糾正，又糧
政局訂製蔴袋，每次監驗輒有不合規定情事，已函請切
實注意，俾符法令。

第八款　貴州省

　　本年度貴州省單位，政事別各款總數原列一億九千
五百二十六萬六千八百二十元，追加數二億八千八百七
十三萬七千八百六十四元，追減數九十九萬九千九百四
十六元，以前年度預算轉入數一百三十萬零八千六百三
十九元六角九分，調整後預算數共為四億八千四百三十
一萬三千三百七十七元六角九分，本部核簽數為一億九
千三百一十三萬九千八百七十一元三角六分，除轉入下
年度預算數三千萬元外，尚有預算餘額二億六千一百一
十七萬三千五百零六元三角三分。

　　本部貴州省審計處核簽撥款書總數，經常門常時部
份一億一千一百四十七萬六千五百四十六元一角八分，
臨時部份一億六千七百六十一萬零零七十三元二角五
分，特殊門三百二十二萬零一百八十五元。

　　本年度貴州省屬各機關送審者，共一百五十六單

位，審核結果大致尚無不合，其有未符法令者，多係報
支經費超越預算、未抄附核准流用原案以及出差旅費超
越規定，均已分別剔除、查詢或通知補送。總計送審計
算數為九千零一十五萬四千二百三十六元五角五分，決
定剔除數為四千六百二十八元八角，已核准數八千零
七十五萬八千四百三十八元九角三分，其餘尚未清結。

　　該省各機關財務之稽察事務，本年度仍以稽察各機
關營繕工程及購置變賣財物案件為多，至收支之稽察、
現金財物之盤查、公務員兼職兼薪及損失現金財物之調
查等項，亦經積極舉辦，綜其結果大致尚符，惟各機關
對於公款之出納保管及營購事項猶未能悉依照法令規定
辦理，已分別通知注意，以策改進。

第九款　湖北省

　　本年度湖北省單位預算，政事別各款總數原列二億
二千七百二十萬零八千三百九十九元，追加數七千八百
三十六萬七千三百九十四元七角，追減數一百三十八萬
四千七百七十四元，以前年度預算轉入數三千五百二十
九萬七千七百七十六元八角四分，調整後預算數共為
三億三千九百四十八萬八千七百九十六元五角四分，本
部核簽支付書數為一億七千二百三十八萬八千二百三十
六元七角二分，尚有預算餘額一億六千七百一十萬零零
五百五十九元八角二分。

　　本部湖北省審計處核簽撥款書總數，經常門常時部
份一億四千二百五十九萬八千七百二十四元零一分，臨
時部份一億四千八百零四萬五千七百三十元零六角，特

殊門二十三萬四千元。

　　該省各機關仍多未依法造送會計報告，其已送審部份除間有報支經費超越預算及聚餐公宴等費不符規定外，其餘尚無不合，總計送審計算數二千四百四十萬零七千二百五十二元二角六分，決定剔除數五萬一千九百五十三元九角八分，已核准數二千四百零四萬八千七百二十九元四角三分，其餘尚未清結。

　　該省各機關財務之稽察事項，經依法辦理結果，各機關財務處理尚多不合規定，舉其要者約為（一）暫付款項數目繁鉅。（二）經臨費剩餘不依法解庫。（三）挪用收入款項。（四）公款儲存利息未予入帳。（五）財物管理尚欠嚴密等項，已分別通知改進，至各機關營繕工程及購置變賣財物，各案本年度共辦理二百二十件，總計節省公帑六百零四萬九千四百三十八元五角九分。

第十款　廣東省

　　本年度廣東省單位預算，政事別各款總數原列二億九千一百一十九萬零四百元，動支第二預備金二千一百五十五萬六千六百元，追加數二億二千四百六十六萬一千七百八十一元七角七分，以前年度預算轉入數二百二十四萬七千五百一十八元二角九分，調整後預算數共為五億三千九百六十五萬六千三百零六分，本部核簽支付書數為二億八千四百三十二萬零七百四十六元六角八分，尚有預算餘額二億五千五百三十三萬五千五百五十三元三角八分。

　　該省審計處原設樂昌辦公，於三十四年一月間因

樂昌淪陷，變起倉卒，所有案卷簿籍無法搶運，損失殆盡，致審核數字無法查報。

第十一款　廣西省

　　本年度廣西省單位預算，政事別各款總數原列二億五千五百六十六萬七千零五十八元，動支第二預備金四千四百三十八萬三千四百六十四元，追加數二億三千二百零三萬三千四百八十七元，追減數一萬四千七百九十七元，以前年度預算轉入數二千零零一萬五千六百六十二元九角四分，調整後預算數共為五億五千二百零八萬四千八百七十四元九角四分，本部核簽支付書數二億四千五百五十二萬三千一百九十元五角四分，尚有預算餘額三億零六百五十六萬一千六百八十四元四角正。

　　本部廣西省審計處，上半年度核簽撥款書總數，經常門常時部份五千二百八十二萬四千三百四十四元，臨時部份，二千零三十四萬二千九百一十二元，特殊門六千零五十二萬二千五百零三元。下半年度省政府遷駐百邑，隨省府駐省人員核簽撥款書二億五千零三十三萬九千一百零一元七角二分。

　　該省各機關會計報告三十三年度送審者，多屬上半年度，下半年因湘桂戰事，各機關紛紛疏散，而審計處與省政府於緊急疏散時失去聯繫，以致各項送審之會計報告，或以分配預算未經主管機關核轉，或則送審月份不能啣接處理，至感困難，總計已審核結案之計算數，為三千九百九十二萬零三百五十七元零七分，業經核准清結，其餘各件則暫予存查或發還重編。

該省各機關財務之稽察事項，本年度以戰事影響較為清簡，計辦理監視營繕工程及購置變賣財物、開標訂約驗收案一百有六起，稽察結果，除間有工作遲滯、材料不良分別扣減價款外，尚鮮不合。

第十二款　河南省

本年度河南省單位預算，政事別各款總數原列二億五千三百八十六萬七千八百六十三元，動支第二預備金一千九百九十九萬零九百四十元，追加數三億零三百九十八萬一千二百六十三元，追減數六十五萬元，以前年度預算轉入數六千八百九十二萬三千六百一十五元，調整後預算數共為六億四千六百一十一萬三千六百八十一元，本部核簽支付書數為二億三千萬零三千七百二十八元六角二分，除轉入下年度預算數八千四百九十八萬三千二百二十五元外，尚有預算餘額三億三千一百一十二萬六千七百二十七元三角八分。

本年度因中原戰事，該省審計處倉卒撤退，途中迭遭兵亂，除一部份稽察案件卷冊簿籍較為簡便業經攜出外，其餘案卷損失無存，無法查報。

該省各機關財務之稽察事務，經依法辦理結果，尚未發覺重大不合法令情事，惟營繕工程及購置財物方面猶未能悉按規定辦理，已隨時予以糾正。

第十三款　山東省

本年度山東省單位預算，政事別各款總數原列八千三百二十五萬五千元，追加數二千六百七十萬零八千一

百四十八元，追減數四千二百二十五萬二千一百七十三
元，以前年度預算轉入數三千三百萬零零六千零八十六
元，調整後預算數共為一億零零七十一萬七千零六十一
元，本部核簽支付書數為六千七百八十四萬二千八百元，
尚有預算餘額三千二百八十七萬四千二百六十一元正。

第十四款　江蘇省

本年度江蘇省單位預算，政事別各款總數原列五千
九百五十萬零九千一百零四元，動支第二預備金六百六
十八萬，追加數八千二百零六萬二千五百七十三元，調整
後預算數共為一億四千八百二十五萬一千六百七十七元，
本部核簽支付書數為五千七百五十二萬八千八百五十四
元，尚有預算餘額九千零七十二萬三千三百二十三元。

本部江蘇省審計處原設有江南、江北兩辦事處，江
北辦事處隨同江蘇省政府進退，江南辦事處隨同江南行
署進退，自淮東事變以後，江蘇省政府撤至皖北之阜
陽，當時江北辦事處以兵慌馬亂，未曾隨同前往，故江
北部份核簽撥款書事宜，曾一度中斷，至江南部份核簽
撥款書，經常門常時部份四百八十萬零八千七百二十五
元九角五分，臨時部份四百一十四萬四千九百四十九元
（內有暫付款八十九萬七千二百零四元）。

江蘇在東南各省中首先淪陷，全省六十一縣中已無
一完整者，自三十三年十月廣德事變後，各中央機關均
告裁撤，故各機關送審數字因之銳減，總計本年度已結
案送審之計算數為二百一十六萬五千二百五十三元五角
七分，決定剔除數為九千三百零六元四角七分，其餘

二百一十五萬五千九百四十七元一角均已核准清結。

　　該省各機關財務之稽察事項，以戰事關係較屬清簡，綜合辦理結果，各機關營繕工程及購置財物，尚能依照法定程序辦理，惟江西行署修械所移用業務收入，第一、二區行政督察專員公署賬簿不合規定，均通知改進。江蘇農民銀行江南分行駐歙辦事處搶購食鹽運歙銷售，顯有經營商業之嫌，已函財政部查照糾正。

第十五款　浙江省

　　本年度浙江省單位預算，政事別各款總數原列二億七千八百八十五萬三千七百八十八元，追加數一億二千一百一十五萬二千五百六十一元，追減數二十三萬五千零四十元零三分，以前年度預算轉入數八百三十五萬四千三百八十七元，調整後預算數共為四億零八百一十二萬五千六百九十五元九角七分，本部核簽支付書數為二億零九百三十二萬八千零一十三元九角一分，尚有預算餘額一億九千八百七十九萬七千六百八十二元零六分。

　　本部浙江省審計處核簽撥款書總數，經常門常時部份一億五千三百三十二萬五千三百四十二元七角五分，臨時部份二億九千二百九十七萬七千六百三十三元一角，特殊門六百三十萬零六千三百五十七元。

　　該省陷敵地區達十分之四，以迫近前方敵人，隨時竄擾，郵遞困難，人事亦頻有變動，審計處對經辦案件歷經注意，隨時清結，以免牽延日久，困難滋多。各機關送審之會計報告，凡認為不當之支出，應行更正之

事項均逕行決定，予以核准，其有查詢補送逾限延未
聲復者，亦經分別輕重決定剔除，或通知嗣後注意，
予以結案，辦理以來尚無窒礙，總計本年度送審計算
數為七千八百三十九萬零一百九十一元零七分，決定
剔除數為二十一萬七千五百二十七元一角八分，其餘
七千八百一十七萬二千六百六十三元八角九分，均已核
准結案。

　　該省各機關財務之稽察事務，均經依法辦理，綜其
結果，各機關營繕工程及購置變賣財物，大致尚符規
定，惟間有工作遲緩，虛報單價，任意列支材料費及未
依照法定程序辦理招標或比價手續，均分別糾正，又保
安處火災損公物價值一萬六千二百元，難民工廠被焚財
物共值九萬七千七百九十五元一角，顯係經管人員疏忽
所致，物價管制委員會出納員宋修阜兼職兼領薪津，有
違法令案，並通知追償或予以剔除，至永嘉縣政府儲藏
室被焚，損失大量物資暨會計檔案，及田賦糧食管理處
在永嘉招製蔴袋發生虧款及舞弊情事，以案情重大，經
先後呈請監察院移付懲戒。

第十六款　安徽省

　　本年度安徽省單位預算，政事別各款總數原列一億
八千八百六十七萬六千六百四十六元，動支第二預備金
二百萬元，追加數五千六百二十八萬九千六百二十四
元，以前年度預算轉入數七百萬元，調整後預算共為
二億五千三百九十六萬六千二百七十元，本部核簽支付
書數一億八千八百五十九萬七千二百零四元三角六分，

尚有預算餘額六千五百三十六萬九千零六十五元六角四分。

本部安徽省審計處核簽撥款書總數，經常門常時部份六十七億四千三百五十七萬九千四百七十元正，臨時部份九十三億三千零九十二萬六千二百六十元，特殊門四千二百二十七萬七千元。

該省淪陷區在半數以上，自大江梗阻後，安徽省審計處為適應業務上之需要，分設皖南辦事處於屯溪，所有省屬機關會計報告，均尚能依法編送分由該處及皖南辦事處辦理，審核結果，各學校多有公務人員兼課所支鐘點費超出每週四小時，各衛生機關造送會計報告，仍多不符規定，以及各機關生活補助費間有兼領情事，均經分別剔除或通知糾正，總計送審計算數八百二十三萬零四百七十一元五角一分，決定剔除數為一萬一千五百七十七元九角一分，已核准數為八百一十四萬一千六百二十七元一角二分，其餘尚未清結。

該省各機關財務之稽察事項，均經依法辦理，綜其結果，各機關營繕工程及購置財物方面，共節省公帑三百餘萬元。關於財務處理不合規定情事及公務員兼職兼薪，並經隨時糾正，又寧國縣田賦糧食管理處長沈開成、歙縣田賦管理處長朱仁安、歙縣縣長莫寒竹、宣城縣長蔣慎良貪污舞弊案，皖南行署涇縣蔴袋廠非法利得案，皖南行署對於公有營業事業等機關盈餘不法處理，並擅移調濟民食餘糧以作營業機關資金案，以情節重大，已分別呈請監察院，或通知其主管機關依法辦理。

第十七款　江西省

　　本年度江西省單位預算，政事別各款總數原列三億二千四百二十二萬四千一百九十九元，追加數一億五千八百四十五萬零二百九十一元，追減數二百八十三萬八千二百一十元，調整後預算數共為四億七千九百八十三萬六千二百八十元，本部核簽支付書數為三億一千九百二十四萬八千九百七十三元八角，尚有預算餘額一億六千零五十八萬七千三百零六元二角正。

　　本部江西省審計處核簽撥款書總數，經常門常時部份一億六千五百零三萬六千零二十八元四角七分，臨時部份二億零零四十七萬八千三百三十三元八角一分。

　　省屬各機關會計報告，仍多未能依限送審，其已送部份審核結果，各教育機關間有列報經費超越預算者，多因法案核轉較遲，經查詢後已准補正，其餘尚無不合，總計本年度送審計算數三千零五十萬零七千二百九十七元九角九分，決定剔除數七十元，已核准數為二千七百五十七萬五千一百八十八元一角六分，其餘尚未清結。

　　該省各機關財務之稽察事務，本年度計辦理監視營繕工程比價驗收案九十九起，及購置財物開標比價驗收案一百四十八起，稽察結果尚鮮不合。

第十八款　福建省

　　本年度福建省單位預算，政事別各款總數原列二億六千八百六十三萬五千三百九十三元，動支第二預備金一千七百二十五萬二千六百二十七元，追加數一億零

九百六十三萬九千零二十元零六角六分，追減數一十三萬零三百二十七元，以前年度預算轉入數一百二十六萬零四百零七元，調整後預算數共為三億九千六百六十五萬七千一百二十元零六角六分，本部核簽支付書數為二億六千三百七十二萬七千三百六十二元一角三分，尚有預算餘額一億三千二百九十二萬九千七百五十八元五角三分。

　　本部福建省審計處核簽撥款書總數，經常門常時部份一億六千四百八十一萬六千四百零九元七角三分，臨時部份六千九百四十萬六千零一十三元四角一分。

　　該省各機關大致尚能依照法定期限造送會計報告，審核結果，除少數不當支出及超越規定之差費經予決定剔除外，其餘尚屬符合總計。本年度送審計算數為一億一千一百四十九萬七千零五十五元五角八分，決定剔除數為四萬零七百六十二元九角八分，已核准數為一億零三百一十一萬一千二百四十二元七角，其餘尚未據聲復結案。

　　該省各機關財務之稽察事項，本年度計有監驗軍用被服糧秣案二十六件，稽察營繕工程及購置變賣財物案二百五十七件，調查收支及損失現金財物案九件，參加有關各項財務會議三起，稽察結果，各機關財務處理尚屬妥善，惟營繕及購置方面，每有製作遲緩延誤期限，計共扣罰款一十九萬六千三百六十一元九角，又監驗結果與合約不符者三十件，亦均分別通知改正。

第十九款　綏遠省

　　本年度綏遠省單位預算，政事別各款總數原列三千零六十六萬四千八百元，追加數七千九百五十萬零零二百零八元，以前年度預算轉入數一百二十萬零二千二百八十四元七角三分，調整後預算數為一億一千一百三十六萬七千二百九十二元七角三分，本部核簽支付書數為四千二百二十萬零六千四百八十一元一角八分，除轉入下年度預算數五百一十二萬四千元外，尚有預算餘額六千四百零三萬六千八百一十一萬五角五分。

第二十款　青海省

　　本年度青海省單位預算，政事別各款總數原列四千一百三十二萬二千五百元，追加數三千二百二十九萬三千八百元，以前年度預算轉入數八萬三千五百二十七元三角一分，調整後預算數為七千三百六十九萬九千八百二十七元三角一分，本部核簽支付書數為四千一百一十五萬一千八百五十四元一角九分，尚有預算餘額三千二百五十四萬七千九百七十三元一角二分。

第二十一款　寧夏省

　　本年度寧夏省單位預算，政事別各款總數原列六千一百九十二萬二千七百元，追加數二千八百五十四萬六千二百九十二元，以前年度預算轉入數二十萬元，調整後預算數共為九千零六十六萬八千九百九十二元，本部核簽支付書數為五千七百零一萬五千六百四十五元七角，尚有預算餘額三千三百六十五萬三千三百四十六元

三角正。

第二十二款　河北省

　　本年度河北省單位預算，政事別各款總數原列一千八百一十四萬三千元，追加數三千四百三十九萬八千零七十二元，以前年度預算轉入數二十四萬一千七百八十八元，調整後預算數共為五千二百七十八萬二千八百六十元，本部核簽支付書數為一千八百一十四萬三千元，除轉入下年度預算數三十萬零二千六百三十二元外，尚有預算餘額三千四百三十三萬七千二百二十八元。

第二十三款　遼寧省

　　本年度遼寧省單位預算，政事別各款總數原列四十一萬九千元，追加數二十四萬零四百元，調整後預算數共為六十五萬九千四百元，本部核簽支付書數為四十一萬九千元尚有預算餘額二十四萬零四百元。

第二十四款　吉林省

　　本年度吉林省單位預算，政事別各款總數原列四十二萬九千元，追加數二十四萬零四百元，調整後預算數共為六十六萬九千四百元，本部核簽支付書數為四十二萬九千元，尚有預算餘額二十四萬零四百元正。

第二十五款　黑龍江省

　　本年度黑龍江省單位預算，政事別各款總數原列五十七萬三千元，追加數一十九萬零七百二十元，調整

後預算數共為七十六萬三千七百二十元，本部核簽支付
書數為五十五萬九千四百六十元零二分，尚有預算餘額
二十萬零四千二百五十九元九角八分。

第二十六款　熱河省

　　本年度熱河省單位預算，政事別各款總數原列
四十一萬九千元，追加數三十六萬七千四百元，調整後
預算數共為七十八萬六千四百元，本部核簽支付書數為
四十一萬九千元，尚有預算餘額三十六萬七千四百元。

第二十七款　察哈爾省

　　本年度察哈爾省單位預算，政事別各款總數為四百
七十四萬五千六百六十元追加數四百一十八萬零三百五
十二元，調整後預算數共為八百九十二萬六千零一十二
元，本部核簽支付書數為四百七十四萬五千六百六十
元，尚有預算餘額四百一十八萬零三百五十二元。

第二十八款　新疆省

　　本年度新疆省單位預算，政事別各款總數原列二千
九百四十四萬五千元，無調整亦無核簽數。

第二十九款　重慶市

　　本年度重慶市單位預算，政事別各款總數原列一億
三千七百八十四萬五千元，追加數四億零七百三十萬零
五千一百四十一元，以前年度預算轉入數五千五百二十
三萬三千三百九十五元一角三分，調整後預算數共為六

億零零三十八萬三千五百三十六元一角三分，本部核簽支付書數為一億二千六百四十萬零二千二百八十二元七角五分除轉入下年度預算數四千八百七十一萬七千四百七十一元外，尚有預算餘額四億二千五百二十六萬三千七百八十二元三角八分。

　　其會計報告大致均已送齊，審核結果，市政府秘書處列報市長其他特別辦公費及聘委任職特別辦公費，查與規定不符。財政局列支檢查員定額辦公費，不合規定。教育局列報茶點係屬不當支出，又報支汽油、車夫賠償費、職員副食費原因不詳。地政局列報招待地主餐費，不應由公支付列報，自來水、電燈、電話各項押金亦有未合。又該省房屋建築材料費將剩餘部份移用至三十四年度，已否呈奉核准，未據說明。社會局列報職員津貼及滄白堂員役獎勵金，均與規定不合。以上各項業經分別剔除或查詢在案。總計本年度送審計算數共為九千七百五十四萬九千三百八十七元五角，決定剔除數一十萬零零三百七十四元三角九分，已核准數為三千五百二十萬零一千七百二十一元九角五分，其餘未據聲復結案。

　　重慶市政府及所屬機關財務之稽察事務，除重要營繕工程暨大宗購置之監視由部派員辦理外，其餘如現金財物之檢查、收支之稽察等項，均由就地審計人員隨時核辦，綜其結果尚鮮不合，惟財務方面仍有處理不當之處，均已按其情節隨時通知注意或糾正。

第三十款　縣市建設費

　　本年度縣市建設費預算，原列四億元，並無調整。
本部核簽支付書數共為三億九千九百四十萬零六千五百
五十二元二角，尚有預算餘額五十九萬三千四百四十七
元八角正。

第三節　建設歲出之審計

本年度國家歲出總預算，建設歲出各門部原列二百四十一億五千三百一十萬零三千九百六十二元，追加數二百二十三億一千八百二十八萬零六百一十九元，追減數一千零五萬二千五百七十八元，以前年度預算轉入數三千六百二十七萬八千四百八十七元四角，調整後預算數共為四百六十四億九千七百六十一萬零四百九十元零四角。本部核簽支付書數共為二百四十七億一千五百二十七萬九千八百七十九元六角，除轉入下年度預算數一億五千三百八十九萬零三百二十二元外，尚有預算餘額二百一十六億二千八百四十四萬零二百八十八元八角正。

至事後審計部份，因單位繁多而主管業務又復錯綜互異，且有以同一機關其本身經費與業務費，分屬於普通歲出及建設歲出者，致審核工作倍增繁劇，本部歷年以來雖依據法令力予糾正，迄未能使各機關造報情形趨於整飭，除就審核結果分別於下列各目中為歸納簡述外，總計本年度審核計算數為二十四億九千四百一十三萬一千四百八十二元一角，決定剔除數四千二百七十五元，已核准數三億七千一百七十四萬三千三百七十八元四角八分，核准數額僅佔計算數七分之一，其餘則以剔除糾正及查詢等事項，尚未據聲復結案。

建設歲出數額鉅大，其應行稽察之事項亦自繁多，本年度經即隨時派員注意辦理，並分飭各巡迴審計組依法切實推動，除對於經管款項之收支保管運用，及會計

事務之處理為詳確之查核外，尤側重於效率之考查、成果之探討，俾資比較研究，建議改正，用期奠定各建設事業良好財務制度之始基焉。

第一目　國防建設費

　　國防建設費本年度預算，各門部原列一百七十五億二千七百四十一萬五千三百一十一元，經追加一百一十四億零二百三十二萬七千六百八十元，調整後預算數共為二百八十九億二千九百七十四萬二千九百九十一元，本部核簽支付書數為一百七十四億四千八百四十一萬七千四百三十四元八角八分，尚有預算餘額一百一十四億八千一百三十二萬五千五百五十六元一角二分。

　　關於國防建設費事後審計，分為陸軍建設、兵工建設及空軍建設三項，茲分別摘述審核結果如左：

　　（一）陸軍建設費內，計包括交通通訊器之購置、服裝購置、營房營具之建置等項，其已送經審核者，計陸軍砲兵列報購置雨笠及修理通訊器材，軍需署第五倉庫購置枕木，軍政部駐陝糧秣處修補蔴袋，軍需署第三倉庫修繕庫房，第六軍需局建築房屋及購置油布，軍需署營造司購置營具建築營房，第一軍需局第二倉庫收購枕木，第一軍需局購製冬季服裝，陸軍第三十軍建築營房，第七軍需局購製行軍鍋，軍政部清鎮種馬牧場修建場房，軍需署第二倉庫購製軍鞋，以上各項修建構置等費，均以未附驗收證明書，或未經本部派員監驗，經予查詢或通知補送。又第二製呢廠列支職員生活貸金不符規定，補送經濟座談會及私人羊毛呢價，亦係不當支

出，第一被服廠盈虧撥補表所列提撥建設準備金、福利基金及員工獎金等項，於法無據，第二紡織廠將全年盈餘全數分配核與國防事業機關，僅能為餘絀計算之規定不符，鋼鐵廠遷建委員會未依兵工會計科目之規定列有資本公積一項，重慶染整廠列報職員米貼、衛兵津貼、職員戰時補助費及其他津貼等項於法無據，又列報職員多人支領薪俸、加工費及生活補助費，查核職員名冊並無其人，第八軍需局臨時被服工廠列有利益支出原因不明，以上各項均經分別查詢剔除在案。

（二）關於兵工建設費之審核結果，計兵工署第七工程處收購民房，未附送驗收證明書，兵工署技術總庫列報研究建設費，亦未附驗收證明書，兵工署第一軍械總庫列報設備費，未附支出憑證，兵工署第五十工廠建設費，以暫付款作正報支，第二十四兵工廠建設費內，列報有未經准予驗收之工款，製造費成本計算書列報解繳成本總額與帳面不符，損益計算書本期純益與帳面不符，第三十兵工廠建遷費結餘經費未據繳庫，特種車輪零件試造研究所修造費支報差額米貼於法不合，盈餘未經繳庫，第一工廠製造費列報貼補包商工款，事前既未訂約付款，自無賠補損失之義務，又預付硝磺價款單據不齊，作正報支，建設費以預付工款四百餘萬元作正報支，第二十六廠製造費列有不當支出，以上各項均經分別通知，剔除糾正或補送。

（三）空軍建設費審核結果，計空軍第十總站購置酒精，航空委員會建築購地及設備等費，航空委員會第四汽車修理所購料，第三飛機修理廠廠房工料費，第二

飛機製造廠購置電石費，航空委員會重慶工程處各項
工程費，均未經稽察程序或附具驗明書，航空委員會航
出研究所研究費及設備費提前列報，於法不合，空軍第
十六總站購置鐵車費有浮報情事，均經分別剔除或通知
補送。

　　至稽察事務均經依法辦理，綜其結果，第一製革
廠、重慶染整廠、第一、四、五被服廠、第一織布廠、
廢品整理廠、機械總廠、汽油廠、電信機械總廠、第
一、二、三、四燃料廠、第一製呢廠、陸軍衛生用具製
造廠、重慶被服分廠、汽車修理第十五廠、植物油料總
廠、特種車修理廠及第一、第十、第二十、第二十一、
第二十八等兵工廠等營繕工程，共核減價款一百八十八
萬三千三百七十一元九角八分，購置財物核減八萬零
九百零一元，第一製呢廠會計事務之處理，尚欠妥善，
損失公物未依法報核，代金結餘亦未按繳解，陸軍衛生
用具製造廠暫付款項延不收轉，軍米及平價米餘存甚多
久未清結，第一兵工廠決算報表編造遲緩，公積金任意
開支，呆帳損失數額鉅大，第十兵工廠挪用建設專款，
會計事務處理復欠妥善，第二十五廠墊付各款為數過
鉅，以上各節均函請軍政部查照糾正，又第五十兵工廠
職員塗改單據浮報用費一案，並通知兵工署按情議處。

第二目　經濟建設費

　　經濟建設費本年度預算，各門部原列一十二億二千
八百五十六萬二千五百四十四元，經追加一億九千零二
十二萬八千三百二十八元，追減八百七十九萬二千五百

七十八元，及以前年度預算轉入數一千一百二十八萬零
七百六十八元，調整後預算數共為一十四億二千一百二
十七萬九千零六十二元，本部核簽支付書數為一十二億
二千九百八十六萬二千三百五十六元三角四分，除轉入
下年度預算數一千二百二十四萬二千八百四十七元外，
尚有預算餘額一億七千九百一十七萬三千八百五十八元
六角六分。

　　經濟建設費除各單位營業收支，有關盈虧計算部份
已詳歲入審計部份外，茲將各單位之事業費及資本支出
審核結果摘述如左：

　　威遠鐵廠資本支出，購置毛鐵及發電機未附送驗收
證明書。資和鋼鐵冶煉公司資本支出，列支伙食費及超
支核定預算分配數，曾否呈奉核准有案。中央無線電器
材廠資本支出，列報購置萬能鐵床、電錶、電扇等件，
均未經稽察程序。電化冶煉廠，以便條列報工程修理費
用，又超支預算費，曾否呈准有案未據敘明。甘肅機器
廠，於資本支出內列報職員生活貸金等項。中央機器
廠，超支預算各數已否呈准有案未據敘明。岷江電廠，
各項建築工程設備均未經稽察程序。四川油礦探勘隊，
資本支出內漏送一部份支出憑證，又購置縫紉機有何需
要未據註明。湘西電廠，建築工程未附送驗收證明書。
漢中電廠，於資本支出內列報職員生活貸金。西京電
廠，資本支出列有三十二年度溢支數轉入三十三年度報
支，已否呈准有案未准敘明。蘭州電廠，於資本支出內
列支職員生活貸金。昆湖電廠，溢支數曾否呈准有案未
准敘明。礦產測量處，資本支出內列報筵席招待等費，

又發給各機關補助費，何以由該處列報未據敘明。水力發電勘測總隊，資本支出內列報同人聚餐費及職員眷屬伙食津貼。瀘縣電廠，資本支出內列報筵席招待費。龍溪河水力發電廠，工程處資本支出內列報筵席招待費，犍為焦油廠，資本支出內列支向私人購買手槍是否呈准有案，資產廢損作現金收回，原因均未據註明。工鑛調整處，基金收支列支暫付，該處經費跨越年度原因不詳，所屬各廠盈餘計算情形未據敘明，各項準備金係依何項標準攤提，未據抄送。全國度量衡局，事業費內列報赴新疆人員治裝費，其依據標準不詳。中央工業試驗所，事業費列報職員於支領特別辦公費外復支公費。中央地質調查所，事業費列報未經送審人員俸薪。鑛冶研究所，事業費購置酒精、鋅粉，未經稽察程序及列報水菓招待等費。中央工業試驗所纖維實驗工廠，創業費列報捐助集訓兵團費，所有上項審核結果均經分別通知查詢剔除。

　　至稽察事務經依法辦理結果，鋼鐵廠遷建委員會、甘肅油鑛局、資渝煉鋼廠、明良煤礦公司、中央無線電器材廠、南桐煤礦、四川油礦探勘處、威遠鐵廠、中央工業試驗所油脂實驗工廠等機關，營繕工程及購置變賣財物開標驗收各案，尚鮮不合。動力油料廠賬簿設置不齊，發給職員戰時貸金購置財物亦未按照規定程序辦理。中央工業試驗所機械實驗工場，前任場長欠款迄未歸還，職員支領額外津貼。北泉酒精廠，列支職員戰時貸金均予糾正。鋼鐵廠遷建委員會，運輸途中沉沒洗煤二十六噸九百一十八斤及原煤十七噸。綦江水道運輸管

理處，失火焚燬傳票。瀘縣酒精廠，被竊遺失車輪。宜賓電廠，損失ree 形帶繩重二百四十八公斤強等案，顯係經管人員怠忽職責所致，並通知賠償以重公物。

第三目　水利建設費

水利建設費本年度預算，各門部原列二億四千二百九十五萬六千九百三十三元，經追加二億一千二百四十九萬七千一百二十九元，調整後預算數共為四億五千五百四十五萬四千零六十二元，本部核簽支付書數為二億七千三百三十五萬零二百九十六元，尚有預算餘額一億八千二百一十萬零三千七百六十六元。

關於水利建設費送審會計報告，因各水文站及測量隊等單位番號時有更易，審核工作殊涉繁瑣，惟各單位造送情形尚稱齊全，審核結果，水文總站測驗經費列報與付款機關名稱不符之單據且溢支預算，其因經費預算未准敘明已否呈准，經予查詢者，有水土保持實驗區、黃河水利委員會、第一、二、三兩種測量隊，其因列報職員伙食補助不符規定，以及溢支旅費，經予決定剔除者，約為各測量隊之一般現象，又江漢工程局列報旅費不符規定，水利示範工程處於經費內列支勞軍戲票價款，灌縣水工試驗室列報文具單據無付款機關名稱。黃河上游工程費內列支職員冬服，揚子江水利委員會水文測驗經費內列報外勤人員服裝，不合規定，其他各水利委員會水文測驗經費內亦然，金沙江工程處水文測驗經費內列報職員煤水費，均經分別剔除或查詢。

領用水利建設費各機關財務之稽察事務，經依法辦

理結果，水利委員會整理小南海航道工程，水利示範工程處裝置閘門、購置水工儀器，黃河水利委員會購置儀器，中央水利實驗處訂製鏡頭、購置速動儀器，酉水工程管理所整理航道工程等開標驗收案，均無不合。綦江水道工程局、烏江水道工程局透支契約，亦鮮舛誤，惟金沙江工程處第四工務所被水沖失木船，未附證件，慈利、常德水文站損失公物未註價值，赤水工程局向銀行透支款項，理由欠缺，茂麓水文站沖毀木船，未送清冊，金沙江工程處包商虧欠公款，未敘明經過事實，均予查詢。水利示範工程處事業費內暫付款項為數甚鉅，復欠未收轉，並通知注意。

第四目　農林建設費

農林建設費本年度預算數，各門部原列二億九千零三十八萬零五百三十元，經追加三億五千七百六十六萬六千六百六十七元，追減一百二十六萬元，及以前年度預算轉入數一千九百萬零八百五十五元四角，調整後預算數共為六億六千五百七十八萬八千零五十元四角，本部核簽支付書數為三億四千八百八十六萬九千六百六十九元，除轉入下年度預算數一百五十萬元外，尚有預算餘額三億一千五百四十一萬八千三百八十三元四角正。

至各機關造報情形，本年度係根據預算核定結果，將經常費與事業費合併造送，統名為經事費，審核結果，中央畜牧實驗所，列報不當支出，農產促進及增產經費內，列報到差旅費，不符規定。秦嶺林區管理處，將上年度結餘移充，本年度經是否呈准有案，未據抄

附。墾務總局，其他臨時墾殖費、出差旅費內列報公文
皮包，係屬私人用品。西北獸疫防治處，事業費列報招
待及私人行李搬運等費。南川耕牛繁殖場，列報薪俸超
出預算。淡水魚養殖場，列報職員出差旅費，查俸薪表
內並無其人。零陵耕牛繁殖場，歷年經費剩餘均未繳
庫。中央林業實驗所，列報輿馬酬勞費不符規定。西北
羊毛改進處，列報職員定額交通費、農場經營改進費內
列報元旦同人聚餐，均經分別剔除查詢。

　　領用農林建設費各機關之稽察事務，本年內均經
依法辦理，綜其結果，農林部病蟲藥械實驗所購置鐵
板及精硝硫酸，農田水利工程處購置測量儀器，中央
林業實驗購置天秤及向交通銀行借款五十萬各案，均
尚能按照法令辦理，惟淡水魚養殖場上年度決算，迄
未編送歲入款及歷年經費結餘概未解繳預算外，收入
亦未另立科目登記。中央農業實驗所及中央林業實
驗所暫付款項，為數均鉅，尚有未合，節經分別予以
糾正。

第五目　交通建設費

　　交通建設費本年度預算，各門部原列三十八億六千
三百七十八萬八千六百四十四元，經追加一百零一億五
千五百五十六萬零八百一十五元，及以前年度預算轉入
數五百九十九萬六千八百六十四元，調整後預算數共為
一百四十億零二千五百三十四萬六千三百二十三元，本
部核簽支付書數為四十四億八千二百一十五萬八千一百
二十九元零八分，除轉入下年度預算數一億四千零一十

四萬七千四百七十五元外，尚有預算餘額九十四億零
三百零四萬零七百一十八元九角二分。

　　至事後審計方面，除隴海、寶天、粵漢、黔桂等鐵
路由本部派有審計人員經常駐審，對各該路局建設費收
支隨時監督糾正外，其餘各機關送審及派員巡迴審核結
果，計第五工程督察區經費內列報職員伙食補助，核與
規定不符。滇緬公路工務局彌遮段工程處資本支出列報
旅行車輪費超越規定。保密公路新工總處油管工程處列
報酒席及員工照相費，均屬私人支出。西北公路工務局
養路費內列報職員伙食貸金製服費及私人捐贈等款，均
與法不合。滇緬公路工務局於養路費內列報員工消費、
合作社用費。第二公路工程督察區經費及結束費內均列
有職員職務津貼及特支費，核與規定不符。第二工程幹
部總隊經費列報職員各項津貼，未依規定。第一公路工
程督察區經費，經查有浮報情事及未依規定報支職員職
務津貼。第三公路工程督察區經費列支主任特支費，與
規定不符。西北公局運輸局於移民經費內列支長武站結
束費，又職員獎金是否呈准有案，未據註明。均經根據
審核結果，分別予以查詢或剔除。

　　領用交通建設費，各機關本年內經依法稽察結果，
滇緬公路運輸局、烏江水道工程局、西北公路運輸局、
川康公路管理局、綦江鐵路工程處、寶天鐵路工程局、
驛運總管理處、國際電台、中國航空建設協會等機關，
營繕工程及購置財物各案，尚能依照法令辦理。中央汽
車配件製造廠、寶天鐵路工程局、綦江鐵路工程處、驛
運總管理處、招商局、黔桂鐵路局及交通部造船處等機

關，借款及透支合約均無不合，惟公路總局、重慶電信局、驛運總管理處、重慶公共汽車管理處及中央汽車配件製造廠，財務及會計事務之處理多欠妥善，已予糾正。雙輕便鐵道運輸處副主任盧莘巖化名兼職兼薪、交通昆明材料廠廠長陳善繼兼職兼薪，經通知其上級機關予以處分，又寶天鐵路工務第二總段段長汪霆沛被控偽造報銷侵蝕公款案，及招商局主持人被訴擅自支配建設專款案，亦均派員詳查，分別依法辦理。

第六目　西北建設費

西北建設費本年度預算，各門部原列一十億元，並調整本部核簽支付書數為九億三千二百六十二萬一千九百九十四元三角，尚有預算餘額六千七百三十七萬八千零零五元七角正。

第四節　特別歲出之審計

　　本年度國家歲出總預算，特別歲出各門部原列二百三十四億一千零零六萬一千八百四十六元，追加數二百二十五億九千三百三十萬零九千七百九十四元，追減數九百六十萬元，及以前年度預算轉入數二千七百二十六萬二千零八十七元三角五分，調整後預算數共為四百六十億零二千一百零三萬三千七百二十七元三角五分，本部核簽支付書數共為一百八十九億六千三百二十九萬四千零一十元，除轉入下年度預算數二千零七十七萬零八百一十六元外，尚有預算餘額二百七十億零三千六百九十六萬八千九百零一元三角五分。

　　關於會計報告之送審，遠較普通歲出為繁，如戰務費係指適應非常時期之作戰支出，因與國防支出及國防建設費同由軍政部統籌支配，復以戰時事機迫切，撥用造報，並未嚴格劃分，本部為顧全事實，經就軍政部核轉之會計報告及核撥預算數加以審核，至糧食費則支用浩繁，迄未能全部送審，所有審核情形分詳後列各目，茲不贅述。

第一目　戰務費

　　戰務費本年度預算，各門部原列一百三十一億三千九百五十萬零一千二百四十元，經追加一百二十二億三千零七十八萬二千四百五十七元，追減九百六十萬元，調整後預算數共為二百五十三億六千零六十八萬三千六百九十七元，本部核簽支付書數為一百二十四億零九百

五十萬零一千二百三十二元，尚有預算餘額一百二十九億五千一百一十八萬二千四百六十五元正。

關於由軍政部核轉到部之會計報告，均經依法審核，以與國防支出及國防建設費區別困難，所有審核結果統詳國防支出一目，不再重贅。

第二目　糧食費

糧食費本年度預算，各門部原列一百零二億零七百九十六萬零六百零六元，經追加一百零三億六千二百五十二萬七千三百三十七元，以前年度預算轉入數二千七百二十六萬二千零八十七元三角五分，調整後預算數共為二百零五億九千七百七十五萬零零三十元零三角五分，本部核簽支付書數為六十五億五千三百七十九萬二千七百七十八元，除轉入下年度預算數二千零七十七萬零八百一十六元外，尚有預算餘額一百四十億零二千三百一十八萬六千四百三十六元三角五分。

關於軍糧支出部份，從未有統數紀錄送審，至各縣代辦徵購、運輸、包裝等費，均係隨同徵實一併辦理。經本部所屬各省審計處於派員抽查田賦徵實時一併審查，具報統計審查結果，徵購價款發放手續有待改進，徵購款項間有由經辦人員自行保管情事，易滋流弊，此外由糧食部送審之購糧各費，均經依法審核計算數共為二七七、七一五、〇七六・二六元，決定剔除數二五、七四九・六〇元，核准存查數為二七六、〇九〇、三一四・一八元，其餘未據聲復結案。

第三目　中央公務員獎助金

　　中央公務員獎助金，本年度預算數原列六千二百六十萬元，並無調整亦無核簽數。

第五節　中央公務員生活補助費及公糧

　　各單位會計報告之編送遲速不一，審核時仍依向例暫行通知存查，統計送審計算數七〇三、九四五、五七六・九二元，除一部份溢支或列報不合規定，經予決定剔除，計五、三六七・四三元外，已存查數為七〇三、一五三、七四六・三九元，其餘經行文查詢，未據聲復結案。

第三章　自治財政歲入歲出審計概況

　　本部自二十八年推行縣財務就地審計以來，對各縣公庫會計以及財務行政之輔導頗著成效，而實地抽查人員深入鄉鎮調查公產整理狀況，違法攤派之苛擾以及捐稅制度有待改善之處，其有助於地方自治工作之推進，亦非淺鮮，三十三年度仍賡續以往工作，由各省審計處派員分赴各縣實地抽查，統計抽查竣事者共一百三十七縣，除結果分詳下文外，茲將各省審計處審核及抽查，各縣總會計收支數列表統計如左：

省別	歲入		歲出		
	計算數	核准數	計算數	剔除數	核准數
四川省	353,560,172.01	353,560,172.01	205,232,632.96		205,232,632.96
湖南省	58,115,161.02	58,115,161.02	38,878,258.71		38,878,258.71
陝西省	30,601,126.39	30,601,126.39	29,694,474.16		29,694,474.16
甘肅省	5,994,419.59	5,994,419.59	515,979.93		515,979.93
貴州省	126,931,824.00	126,931,824.00	39,873,120.00		39,873,120.00
湖北省	812,764.52	812,764.52	727,397.00		727,397.00
浙江省	34,708,394.05	34,708,394.05	38,622,625.84		38,622,625.84

省別	歲入		歲出		
	計算數	核准數	計算數	剔除數	核准數
安徽省			1,313,221.01	464.05	1,312,756.96
江西省	30,977,840.10	30,977,840.10	66,735,316.12	76,349.81	57,455,535.98
福建省	52,788,482.00	52,788,482.00	21,541,030.12		21,541,030.12

第一節　四川省

　　該省審計處本年度派員抽查各縣之財務，已竣事者計有廣漢、新都、華陽、成都、成都市、潼南、遂寧、雷波、屏山、簡陽、資陽、資中、內江、綿陽、羅江、臨陽、什祁、綿竹、郫、溫等二十縣，抽查結果，除（一）經收歲入各款延未繳庫。（二）總會計部份未能按時記帳。（三）各單位會計報告不按期造送，係屬一般情形，已通函注意改進外，至資陽縣庫檢查現金，結果虧短一百五十五萬四千六百餘元，內江縣庫虧短二十萬零零四百餘元，又簡陽縣警察局前任局長，將任內三十三年度會計賬冊憑證全部攜去，無法審核，亦經分別函請省府予以處分。

第二節　湖南省

　　該省審計處本年度抽查竣事者，計有黔陽、芷江、懷化、會同、晃、新寧、瀘溪、沅陵、漵浦、桃源、常臨等十一縣，抽查結果，除徵收稅款，延不繳庫，及總會計方面不按時記賬，係屬一般現象，至如會同縣洪江鎮公所擅向各保攤派經費，晃縣建築講台，修建街道，調訓壯丁以及應變經費等項，均未正式成立支付法案，新寧縣屠宰稅徵收稅率不合規定標準，瀘溪縣將屯租價款挪墊軍隊副食費，經手人虧欠十三萬八千餘元，均經分別函請省政府追繳究辦或予取締。

第三節 陝西省

　　該省審計處抽查竣事者，計有長安、咸陽、興年、鳳翔、扶風、岐山、郿、寶雞、渭南、武功、臨潼、涇陽、鄠、三原、富平、韓城、華、朝邑、耀、華陰、高陵、大荔、郃陽、潼關等二十四縣，抽查結果，除各縣公有財產物品，均無財產統制賬之設立，賬簿組織多不完備及各單位會計報告多不按時造報，已予分別通知改進外，其有情節較重者，如臨潼縣收支款項，多不合程序，現金保管亦不依照規定存入縣庫，三原縣警察局列報額外巡官二名，亦經分函糾正追繳。

第四節　甘肅省

　　該省審計處本年度共抽查臨潭、武山、成、西和、
徽、禮、岷、康樂、寧定、和政、臨夏、永靖、天水、
漳、榆中等十五縣，抽查結果，屬於一般現象者（一）
會計方面不按時記賬。（二）公款收支未按法定程序
處理，其情節較重者有成縣小川鎮公所擅向人民攤派實
物自行收用，徽縣稅捐股經手人員有侵吞公款情事，寧
定、永靖兩縣經徵人員有舞弊嫌疑，天水縣侵蝕罰金及
沒收品，均經專案函請省政府究辦。

第五節　貴州省

　　該省審計處本年度共抽查鎮遠、施秉、黃平、鑪山、麻江、盤、普安、晴隆、關嶺、鎮寧、安順、平壩、貴筑、惠水、遵義等十五縣，抽查結果，各縣類皆關於各單位會計報告不按時造送，公有財產未設統制登記賬簿，捐稅徵收未能推行經徵制度，已分函通知改進。

第六節　湖北省

　　該省審計處本年度原訂計劃抽查十二縣，嗣以抽查
經費未能及時核定，僅派員抽查恩施一縣，關於該縣總
會計報告未能按時送審，以及各單位會計不健全之處，
均已函知注意改進。

第七節 江蘇省

　　該省審計處本年度雖經派員抽查宜興、溧陽、溧水、高淳、江寧等五縣，然以各該縣早已淪陷，國軍所控制縣城以外之地區，不及全縣三分之一，且均係流動機構，人事經費均無軌道，縣府所恃以經持經費者主要為攤派捐款，且無正式帳冊登記足資查核，經已就實地查勘之情形，函請省政府注意改善。

第八節　浙江省

　　該省審計處本年度共抽查景寧、龍泉、慶元、泰
順、麗水、縉雲、東陽、永康、永嘉、瑞安、平陽等
十一縣，抽查結果，屬於一般現象者為（一）公款收支
率未能依照公庫法之規定處理。（二）公產多未能切實
整理，至情節較為重大者，如龍泉縣應變建設、保安、
防疫等經費，均未奉核准，擅行攤派，泰順、東陽兩
縣，未依規定徵收竹、木、紙、炭、菝葉等五項山地
捐，永嘉、平陽向各鄉鎮攤派臨時捐款多種，均予函請
省府嚴予糾正。

第九節　安徽省

　　該省自淪陷以後，交通阻塞，本年度係就各縣級機
關編送會計報告加以審核，未經派員抽查。

第十節　江西省

　　該省審計處本年度共抽查贛、大庾、南康、興國、廣昌、寧都、泰和、南豐、南城、上饒、玉山、廣豐、吉安、吉水、萬安等十五縣，抽查結果，除各縣屬機關大多未設置正式帳冊及未按時造送會計報告，已函知注意改進外，其情節較重者如大庾縣經徵處出納員捲款潛逃，未依法緝追歸案，泰和縣政府職員劉個等兼職兼薪，與法不合，南豐縣違法攤派公糧，上饒縣向各鄉鎮攤派臨時費，上饒、廣豐、萬安等縣向各鄉鎮攤派戰時費用，均屬於法不合，經已函請省政府嚴予糾正。

第十一節　福建省

　　該省審計處本年度共抽查長東、羅源、福安、寧德、連江、閩侯、永安、南平、沙縣等九縣，抽查結果，各縣會計制度出納程序率多未能依照規定辦理，已分別通知注意改進。

第四章　審計結果之統計

　　關於本年度國家財政系統，各類歲入與歲出之審計概況暨自治財政系統歲入歲出之審計概況，大致已見本報告書各章，茲為便於省覽，籍供查考起見，爰就現有資料擇其重要事項，編製統計圖表列入本章，其目次如左：

一、國庫總庫審計辦事處核簽三十三年度收入總存款各項收入統計表、圖。

二、審計部所屬各省審計處核簽三十三年度撥款書金額統計表、比較圖。

三、審計部核簽三十三年度中央歲出支付書金額統計表、圖。

四、審計部核簽三十三年度省市歲出支付書金額統計表、圖。

五、審計部核簽三十三年度建設歲出支付書金額統計表、比較圖。

六、審計部核簽三十三年度特別歲出支付書金額統計表、比較圖。

七、審計部審核三十三年度各項支出計算數與核准數統計表、比較圖。

八、各省市審計處審核三十三年度各項支出統計表。

九、各省市審計處審核三十三年度各項支出計算數與核准數比較圖。

十、審計部三十三年度稽察案件統計表、圖。

十一、審計部及各省審計處三十三年度稽察案件統計表。

十二、審計部及各省審計處三十三年度稽察案件比較圖。

審計部國庫總庫審計辦事處核簽三十三年度收入總款各項收入統計表

單位：國幣元　　　（33 年 1 月至 34 年 12 月底止）

科目	金額	科目	金額
總計	182,057,447,382		
田賦	2,109,040,386	公有事業之盈餘收入	201,453,311
契稅及地價稅	1,218,048,256	捐獻及贈與收入	79,545,677
所得稅	1,144,058,892	財產及權利之孳息收入	108,146,246
遺產稅	49,496,947	財產及權利之售價收入	5,200,157
非常時期過份利得稅	1,191,312,064	其他收入	186,855,344
營業稅	2,928,552,398	銀行墊借款	140,168,772,856
特種營業行為稅	45,048,950	收回各年度歲出款	369,777,019
印花稅	1,061,402,586	內債	1,644,688,320
關稅	478,601,287	外債	2,921,337
鑛稅	186,168,438	上年度結存轉入款	4,419,268,346
貨物出廠稅	2,035,313,956	暫收款	5,083,957
貨物取締稅	2,914,351,893	未售債券本息	605,596,735
戰時消費稅	1,836,221,708	食鹽戰時附加稅	13,285,507,202
鹽專賣收入	1,079,176,420	以前年度歲入款	136,018,009
糖專賣收入	467,458,966		
菸專賣收入	1,704,212,967		
火柴專賣收入	236,568,724		
懲罰及賠償收入	55,900,900		
規費收入	94,877,730		
信託管理收入	2,198,321		
公有事業收入	601,077		

國庫總庫審計辦事處核簽三十三年度
收入總存款各項收入統計圖

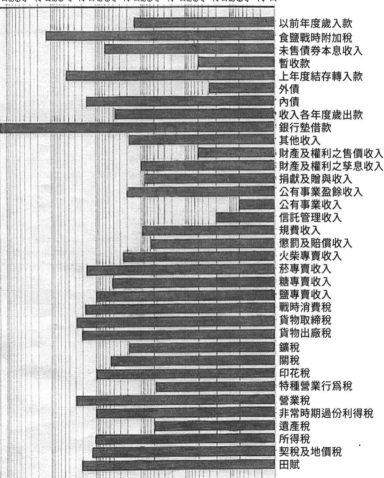

單位：十萬元

審計部所屬各省審計處核簽三十三年度
撥款書金額統計表

科目	湖南	湖北	江蘇
總計	367,316,727	290,878,449	8,951,670
行政支出	24,313,543	21,862,951	295,866
教育文化支出	41,572,828	36,840,254	924,376
經濟建設支出	11,250,743	16,472,918	216,465
衛生支出	9,481,266	6,571,714	10,000
社會救濟支出	2,284,170	5,076,968	
財務支出	1,616,199	1,848,598	106,000
保警支出	27,737,002	45,429,023	3,289,475
公務員退休及撫卹支出	826,755	2,787,500	
補助支出	435,712	2,532,168	
其他支出	2,505,998		
分配縣市國稅	32,302,739	59,990,182	355,000
生活補助費	118,227,380	82,175,740	807,900
新興事業		9,056,433	30,000
公糧支出			1,766,384
預備金			25,000
第一預備金			
戰時特別預備金			
應變費	70,000,000		228,000
國軍部隊副食馬干週轉金			
國軍部隊副食馬干費			
中央接濟災賑款			
營業投資及維持	24,762,392	234,000	
營業投資及基金			
土地增值稅支出			
財產租售出賣所得稅支出			
財產租賃所得稅支出			
財產出賣所得稅支出			
暫付款			897,204

科目	江西	安徽	浙江
總計	365,514,355	163,837,825	452,209,329
行政支出	16,938,689	14,260,026	12,977,802
教育文化支出	30,465,978	16,382,484	24,799,899
經濟建設支出	40,051,557	4,871,940	14,390,901
衛生支出	6,420,173	629,700	4,367,791
社會救濟支出	4,367,384	752,969	4,604,600
財務支出	1,118,568	829,017	698,790
保警支出	61,503,972	28,843,123	97,050,446
公務員退休及撫卹支出	1,725,261	182,411	2,065,033
補助支出	2,807,451		976,057
其他支出	916,044	4,684,323	3,195,667
分配縣市國稅	81,592,222	34,621,199	80,692,314
生活補助費	105,623,352	46,891,511	73,784,907
新興事業	6,999,639	3,625,927	6,005,992
公糧支出			
預備金	4,984,065	7,263,195	
第一預備金			1,500,000
戰時特別預備金			9,764,625
應變費			19,967,505
國軍部隊副食馬干週轉金			11,600,000
國軍部隊副食馬干費			72,800,000
中央接濟災賑款			9,000,000
營業投資及維持			
營業投資及基金			2,367,000
土地增值稅支出			
財產租售出賣所得稅支出			
財產租賃所得稅支出			
財產出賣所得稅支出			
暫付款			

科目	廣西	雲南	貴州
總計	133,689,759	338,570,861	282,306,802
行政支出	7,794,934	16,382,192	18,542,730
教育文化支出	67,643,996	19,763,043	18,572,392
經濟建設支出	4,906,001	25,076,355	6,722,834
衛生支出	3,099,362	17,217,271	27,822,458
社會救濟支出	3,389,677	3,424,712	19,689,006
財務支出	1,197,721	3,563,800	979,855
保警支出	7,149,030	36,757,619	47,835,671
公務員退休及撫卹支出	21,243	72,798	256,906
補助支出			
其他支出	70,400	2,329,754	686,063
分配縣市國稅	27,398,519	41,888,914	52,949,734
生活補助費	11,018,876	153,040,001	86,027,653
新興事業		8,529,770	
公糧支出			
預備金		10,524,632	
第一預備金			
戰時特別預備金			
應變費			
國軍部隊副食馬干週轉金			
國軍部隊副食馬干費			
中央接濟災賑款			
營業投資及維持			2,221,500
營業投資及基金			
土地增值稅支出			
財產租售出賣所得稅支出			
財產租賃所得稅支出			
財產出賣所得稅支出			
暫付款			

科目	四川	福建	陝西
總計	799,276,123	341,902,872	391,085,572
行政支出	34,288,400	14,204,155	15,751,614
教育文化支出	43,880,538	28,974,349	24,481,752
經濟建設支出	45,077,955	12,135,054	6,645,295
衛生支出	10,122,330	9,147,597	6,378,442
社會救濟支出	12,865,972	12,946,488	3,089,453
財務支出	1,646,771	754,572	892,567
保警支出	112,353,403	58,825,554	46,042,206
公務員退休及撫卹支出	6,530,230	5,478,838	2,968,600
補助支出			1,560,000
其他支出	2,075,930	5,672,974	375,587
分配縣市國稅	233,092,504	75,451,417	146,272,167
生活補助費	238,733,849	99,739,782	119,190,757
新興事業	18,335,816	6,499,498	10,959,156
公糧支出			
預備金	16,973,270	10,086,679	6,477,976
第一預備金	3,271,950		
戰時特別預備金	18,347,205		
應變費			
國軍部隊副食馬干週轉金			
國軍部隊副食馬干費			
中央接濟災賑款			
營業投資及維持	1,680,000		
營業投資及基金			
土地增值稅支出		228,545	
財產租售出賣所得稅支出		1,620,000	
財產租賃所得稅支出		26,239	
財產出賣所得稅支出		111,131	
暫付款			

科目	甘肅	總計
總計	193,371,278	4,129,311,622
行政支出	13,749,283	211,362,185
教育文化支出	22,027,276	376,329,165
經濟建設支出	4,227,993	192,046,011
衛生支出	2,471,959	103,740,063
社會救濟支出	1,990,234	74,481,633
財務支出	605,612	15,858,070
保警支出	24,905,121	597,721,645
公務員退休及撫卹支出	400,064	23,315,639
補助支出	31,685,360	39,996,748
其他支出	432,016	22,944,756
分配縣市國稅	31,178,566	897,785,477
生活補助費	49,659,186	1,184,920,894
新興事業	5,983,902	76,026,133
公糧支出		1,766,384
預備金	4,054,706	60,389,523
第一預備金		4,771,950
戰時特別預備金		28,111,830
應變費		90,195,505
國軍部隊副食馬干週轉金		11,600,000
國軍部隊副食馬干費		72,800,000
中央接濟災賑款		9,000,000
營業投資及維持		28,897,892
營業投資及基金		2,367,000
土地增值稅支出		228,545
財產租售出賣所得稅支出		1,620,000
財產租賃所得稅支出		26,239
財產出賣所得稅支出		111,131
暫付款		897,204

各省審計處核簽三十三年度撥款書金額比較圖

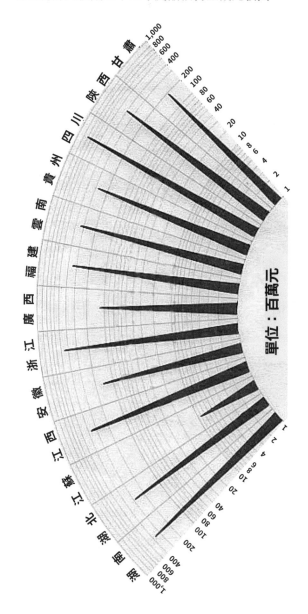

審計部核簽三十三年度中央歲出支付書金額統計表

科目	政權行使支出	國務支出	行政支出
預算數	1,275,839,830	80,569,256	258,425,689
調整後預算數	2,318,989,177	882,419,843	882,419,843
核簽數	1,494,599,970	830,046,383	830,046,383
轉入下年度預算數	331,000,000	0	29,690,000
預算餘額	493,389,207	7,081,557	22,683,460
核簽數佔調整後預算數百分比	64	96	94

科目	立法支出	司法支出	考試支出
預算數	24,398,786	870,938,074	51,903,344
調整後預算數	43,450,040	2,213,924,256	111,829,358
核簽數	41,602,666	1,535,774,759	107,215,869
轉入下年度預算數	0	150,543,128	3,437,502
預算餘額	1,847,374	527,606,369	1,175,987
核簽數佔調整後預算數百分比	95	69	96

科目	監察支出	教育文化支出	經濟及交通支出
預算數	91,893,963	2,462,204,498	206,603,819
調整後預算數	216,956,769	4,782,268,039	621,079,804
核簽數	207,759,963	4,362,110,458	403,333,083
轉入下年度預算數	0	38,061,327	31,225,709
預算餘額	9,196,806	382,096,254	186,521,012
核簽數佔調整後預算數百分比	95	91	66

科目	衛生支出	社會及救濟支出	國防支出
預算數	90,565,987	297,768,356	9,308,374,921
調整後預算數	212,643,499	1,448,691,967	21,706,614,933
核簽數	186,529,906	1,261,007,146	16,698,199,216
轉入下年度預算數	7,132,177	25,219,340	0
預算餘額	18,981,416	162,465,481	5,008,415,717
核簽數佔調整後預算數百分比	87	87	76

科目	外交支出	僑務支出	財務支出
預算數	89,123,577	8,828,621	3,674,184,343
調整後預算數	149,394,997	19,355,619	6,719,083,106
核簽數	115,702,537	17,207,771	5,201,246,854
轉入下年度預算數	2,367,020	227,810	28,000,000
預算餘額	31,325,440	1,920,038	1,489,836,252
核簽數佔調整後預算數百分比	77	88	77

科目	債務支出	公務員退休及撫卹支出	補助支出
預算數	6,709,828,642	210,000,000	59,143,329
調整後預算數	8,975,715,384	159,067,000	178,342,299
核簽數	5,474,848,685	42,214,703	161,138,138
轉入下年度預算數	2,561,457,437	10,000,000	5,000,000
預算餘額	939,409,262	106,852,297	12,204,161
核簽數佔調整後預算數百分比	60	26	90

科目	營業投資及基金支出	第二預備金	總計
預算數	30,750,000	770,844,840	26,572,189,875
調整後預算數	201,840,000	484,866,175	51,627,782,232
核簽數	98,810,200	0	38,413,516,717
轉入下年度預算數	3,000,000	0	3,226,361,450
預算餘額	100,029,800	484,866,175	9,987,904,065
核簽數佔調整後預算數百分比	48	0	74

審計部核簽卅三年度中央歲出金額統計圖

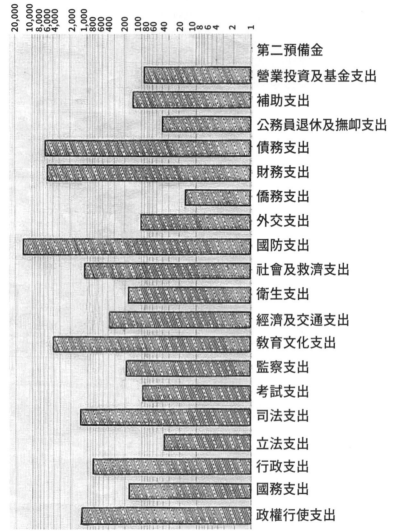

單位：百萬元

審計部核簽三十三年度省市歲出支付書金額統計表

科目	四川省	湖南省	陝西省
預算數	740,556,000	401,250,500	343,412,000
調整後預算數	1,546,932,064	668,602,606	569,340,683
核簽數	627,938,932	268,846,930	340,797,462
轉入下年度預算數			
預算餘額	918,993,132	399,755,676	228,543,221
核簽數佔調整後預算數百分比	40	40	59

科目	山西省	甘肅省	西康省
預算數	100,429,060	202,006,536	126,019,199
調整後預算數	153,212,722	369,156,826	204,457,479
核簽數	65,958,060	155,267,651	112,993,138
轉入下年度預算數			
預算餘額	87,254,662	213,889,175	91,464,341
核簽數佔調整後預算數百分比	43	42	55

科目	雲南省	貴州省	湖北省
預算數	300,119,500	195,266,820	227,208,399
調整後預算數	455,387,196	484,313,377	339,488,796
核簽數	247,392,471	193,139,871	172,388,236
轉入下年度預算數		30,000,000	
預算餘額	207,994,725	261,173,506	167,100,560
核簽數佔調整後預算數百分比	54	39	50

科目	廣東省	廣西省	河南省
預算數	291,190,400	255,667,058	253,867,863
調整後預算數	539,656,300	552,084,874	646,113,681
核簽數	284,320,746	245,523,190	230,003,728
轉入下年度預算數			84,983,225
預算餘額	255,335,554	306,561,684	331,126,728
核簽數佔調整後預算數百分比	52	43	35

科目	山東省	江蘇省	浙江省
預算數	83,255,000	59,509,104	278,853,788
調整後預算數	100,717,061	148,251,677	408,125,695
核簽數	67,842,800	57,528,354	209,328,013
轉入下年度預算數			
預算餘額	32,874,261	90,723,323	198,797,682
核簽數佔調整後預算數百分比	67	38	51

科目	安徽省	江西省	福建省
預算數	188,676,646	324,224,199	268,635,393
調整後預算數	253,966,270	479,836,280	396,657,120
核簽數	188,597,204	319,248,973	263,727,362
轉入下年度預算數			
預算餘額	65,369,066	160,587,307	132,929,758
核簽數佔調整後預算數百分比	74	66	66

科目	綏遠省	青海省	寧夏省
預算數	30,664,800	41,322,500	61,922,700
調整後預算數	111,367,292	73,699,827	90,668,992
核簽數	42,206,481	41,151,854	57,015,645
轉入下年度預算數	5,124,000		
預算餘額	64,036,881	32,547,973	33,653,347
核簽數佔調整後預算數百分比	37	55	62

科目	河北省	遼寧省	吉林省
預算數	18,143,000	419,000	429,000
調整後預算數	52,782,860	659,400	669,400
核簽數	18,143,000	419,000	429,000
轉入下年度預算數	302,632		
預算餘額	34,337,228	240,400	240,400
核簽數佔調整後預算數百分比	34	64	64

科目	黑龍江省	熱河省	察哈爾省
預算數	573,000	419,000	4,745,660
調整後預算數	763,720	786,400	8,926,012
核簽數	559,460	419,000	4,754,660
轉入下年度預算數			
預算餘額	204,260	367,400	4,180,352
核簽數佔調整後預算數百分比	73	53	53

科目	新疆省	重慶市	縣市建設費
預算數	29,445,000	137,845,000	400,000,000
調整後預算數	29,445,000	600,383,536	400,000,000
核簽數		126,402,282	399,406,552
轉入下年度預算數		48,717,471	
預算餘額	29,445,000	425,263,783	593,448
核簽數佔調整後預算數百分比	0	21	99

科目	總計
預算數	5,366,076,125
調整後預算數	9,686,453,146
核簽數	4,741,741,055
轉入下年度預算數	169,127,328
預算餘額	4,775,584,763
核簽數佔調整後預算數百分比	48

審計部核簽卅三年度省市歲出金額統計圖

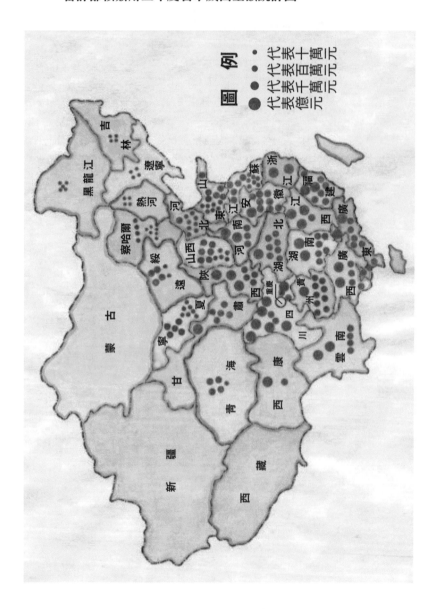

審計部核簽三十三年度建設歲出支付書金額統計表

科目	國防建設費	經濟建設費	水利建設費
預算數	17,527,415,311	1,228,562,544	242,956,933
調整後預算數	28,929,742,991	1,421,279,062	455,454,062
核簽數	17,448,417,434	1,229,862,356	273,350,296
轉入下年度預算數		12,242,847	
預算餘額	11,481,325,557	179,173,859	182,103,766
核簽數佔調整後預算數百分比	60	86	60

科目	農林建設費	交通建設費	西北建設費
預算數	290,380,530	3,863,788,644	1,000,000,000
調整後預算數	665,788,052	14,025,346,323	1,000,000,000
核簽數	348,869,669	4,482,158,129	932,621,994
轉入下年度預算數	1,500,000	140,147,475	
預算餘額	315,418,383	9,403,040,719	67,378,006
核簽數佔調整後預算數百分比	52	31	92

科目	總計
預算數	24,153,103,962
調整後預算數	46,497,610,490
核簽數	24,715,279,878
轉入下年度預算數	153,890,322
預算餘額	21,628,440,290
核簽數佔調整後預算數百分比	53

審計部核簽卅三年度建設歲出金額比較圖

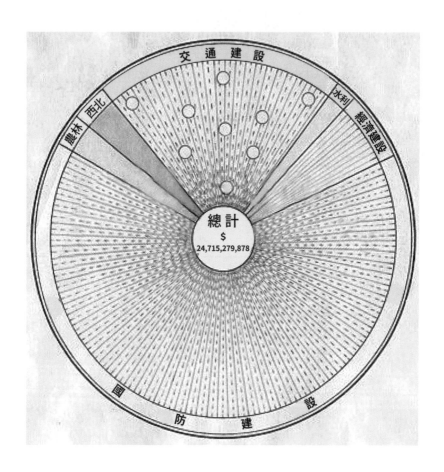

審計部核簽三十三年度特別歲出支付書金額統計表

科目	戰務費	糧食費	中央公務員獎助金
預算數	13,139,501,240	10,207,960,606	62,600,000
調整後預算數	25,360,683,697	20,597,750,030	62,600,000
核簽數	12,409,501,232	6,553,792,778	
轉入下年度預算數		20,770,816	
預算餘額	12,951,182,465	14,023,186,436	62,000,000
核簽數佔調整後預算數百分比	48	31	

科目	總計
預算數	23,410,061,846
調整後預算數	46,021,033,727
核簽數	18,963,294,010
轉入下年度預算數	20,770,816
預算餘額	27,036,968,901
核簽數佔調整後預算數百分比	41

審計部核簽卅三年度特別歲出金額比較圖

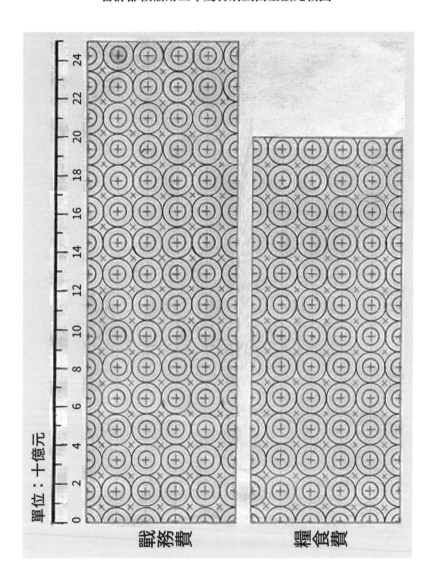

審計部審核三十三年度各項支出統計表

科目	計算數	剔除數	核准數	核准數佔計算數之百分比
總計	12,665,948,145	347,103,336	9,545,557,575	75
國務支出	51,422,095	113,602	25,790,122	50
行政支出	96,414,965	2,155	47,604,070	49
立法支出	17,574,333	33,575	942,592	1
司法支出	12,049,613	823	5,922,492	49
考試支出	38,784,429		8,791,321	22
監察支出	20,457,434	315	20,615,966	101
教育文化支出	231,907,183	3,600	142,992,027	61
經濟交通支出	43,467,419	1,380	19,885,179	45
衛生支出	88,196,414		59,523,708	67
社會及救濟支出	160,994,989	193,116	61,894,469	38
國防支出	8,033,633,759	346,723,384	7,686,678,775	95
外交支出	4,850,259		1,337,611	27
僑務支出	4,483,732		2,557,201	57
財務支出	468,137,232	26,888	189,836,080	40
經濟建設費	1,602,958,881	1,450	81,827,740	5
水利建設費	461,651,171	2,825	202,683,697	43
農林建設費	130,054,893		57,029,742	43
交通建設費	299,466,536		30,202,198	10

科目	計算數	剔除數	核准數	核准數佔計算數之百分比
糧食費	267,496,911		267,496,911	100
中央公務員生活補助費及公糧	631,945,897	223	631,945,674	99

審計部審核卅三年度各項支出比較圖

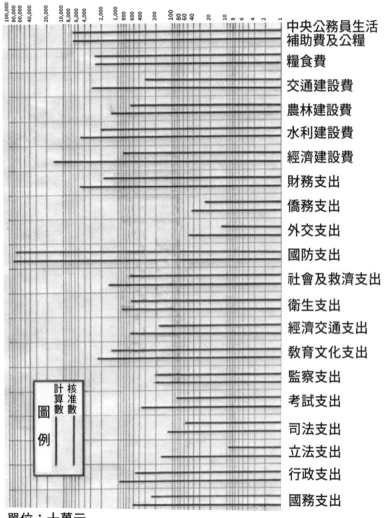

單位：十萬元

各省市審計處審核三十三年度各項支出統計表

處別	四川省審計處	湖南省審計處	陝西省審計處
計算數	19,652,043	6,159,894	158,817,516
核准數	19,629,696	4,242,054	119,827,378
剔除數	22,346	592	38,990,138
存查數			
核准數佔計算數之百分比	99	68	75

處別	甘肅省審計處	雲南省審計處	貴州省審計處
計算數	268,033,541	108,411,390	143,344,651
核准數	222,256,581	56,287,923	100,360,555
剔除數	38,581	7,426,566	73,748
存查數		44,696,901	8,593,402
核准數佔計算數之百分比	82	51	70

處別	湖北省審計處	廣西省審計處	江蘇省審計處
計算數	33,832,091	64,944,797	2,864,026
核准數	30,938,570	50,388,555	2,679,724
剔除數	60,819		16,432
存查數	2,413,564		167,869
核准數佔計算數之百分比	91	77	93

處別	浙江省審計處	安徽省審計處	江西省審計處
計算數	95,915,261	8,294,936	55,230,577
核准數	83,069,198	8,202,812	34,992,719
剔除數	286,850	11,577	4,868
存查數	12,559,212	3,280	7,955,169
核准數佔計算數之百分比	86	98	63

處別	福建省審計處	重慶市審計處	總計
計算數	138,494,262	97,549,387	1,201,544,372
核准數	121,577,425	35,201,721	889,654,911
剔除數	41,958	100,374	8,084,711
存查數	7,327,816		122,707,351
核准數佔計算數之百分比	87	36	74

各省市審計處審核三十三年度各項支出比較圖

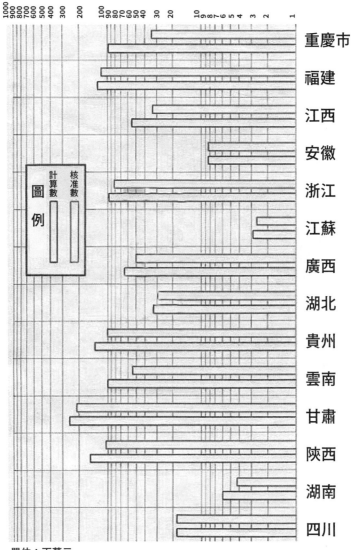

單位：百萬元

審計部三十三年度稽察案件統計表

事項		一月	二月	三月	四月	五月	六月	七月
總計		401	576	800	539	518	646	422
監視事項	合計	182	228	202	160	148	153	135
	監視公債還車抽籤	6	3	8	7	5	6	5
	監驗軍用被服					1	1	1
	監視開標決標訂約	66	78	82	54	35	39	26
	其他監視驗收事項	110	147	112	99	104	107	103
檢查稽察事項	合計	3	6	14	11	16	18	11
	盤查各機關現金及財務		3	9	6	5	3	
	稽察各機關收支	3	3	5	5	11	15	11
調查事項	合計	37	51	53	64	51	66	54
	審計上發生疑義案件之調查	4	4	9	7	14	12	8
	各機關現金財務損失調查	33	47	44	57	37	53	45
	各機關兼職兼薪之調查						1	1
其他事項	合計	179	291	531	304	306	409	222
	審核各機關財產報告表	23	81	313	102	143	200	130
	審核各省審計處稽察報告	3	5	6	3		2	2
	審核各省審計處檢查現金報告	1		2				1
	其他審核調查及參加等事項	152	205	210	199	163	207	89

事項		八月	九月	十月	十一月	十二月	總計
總計		434	428	494	629	373	6,260
監視事項	合計	158	173	180	199	171	2,086
	監視公債還車抽籤	5	3	7	8	4	67
	監驗軍用被服	1	1	1	1	1	8
	監視開標決標訂約	63	42	51	80	35	651
	其他監視驗收事項	89	127	121	110	131	1,360
檢查稽察事項	合計	15	3	13	10	6	126
	盤查各機關現金及財務	1					27
	稽察各機關收支	14	3	13	10	6	99
調查事項	合計	37	33	55	58	24	583
	審計上發生疑義案件之調查	8	4	10	14	4	98
	各機關現金財務損失調查	29	29	45	42	20	481
	各機關兼職兼薪之調查				2		4
其他事項	合計	224	219	246	362	172	3,465
	審核各機關財產報告表	98	129	100	141	65	1,525
	審核各省審計處稽察報告			1		2	24
	審核各省審計處檢查現金報告				1		5
	其他審核調查及參加等事項	126	90	145	220	105	1,911

審計部卅三年度稽察案件統計圖

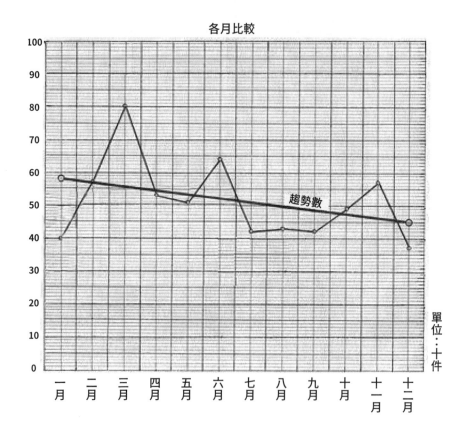

百分比

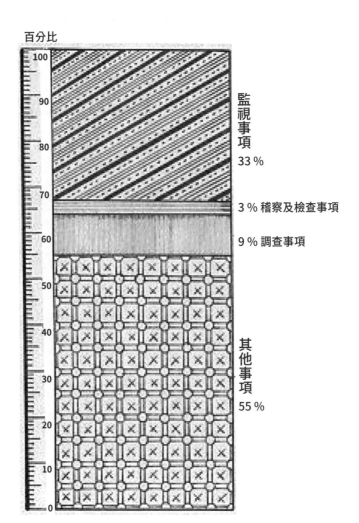

監視事項
33 %

3 % 稽察及檢查事項

9 % 調查事項

其他事項
55 %

各省審計處三十三年度稽察案件統計表

處別	監視開標決標訂約比價詢價	監視營繕工程購置財物及變賣	監視軍用被服	調查及參加	其他	總計
總計	586	1,413	306	116	149	2,570
江西	62	172	20			254
安徽	42	101	14	12	18	187
廣西	1	96	28			125
雲南	16	78	2			96
貴州	156	239	17	52	84	548
四川	176	282	158	43	40	699
陝西	33	21			1	55
浙江	19	92	26	7	2	146
江蘇	4	23	19			46
湖北	41	104	5		2	152
湖南	36	205	17	2	2	262

各省審計處卅三年度稽察案件比較圖

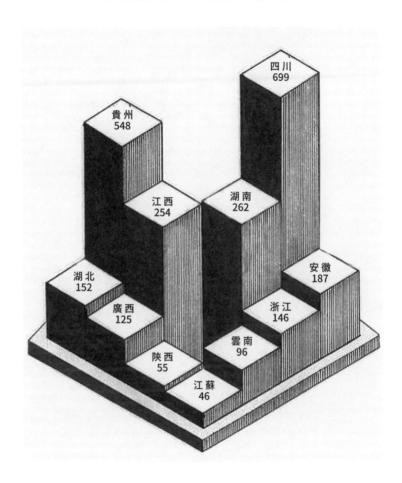

第五章　建議改進事項

　　本年度審計情形已如上各章所陳，按照審計法第二十八條之規定，審計報告書得就應行改正之事項附具意見，茲就本年度審計之結果，對於國家財政暨自治財政及公有營業、公有事業方面認為亟須改正者，分別建議如次：

一、總預算應早為公佈並嚴限分配預算如期編送

　　查現行預算法規定於十二月一日公佈次年度總預算，各機關分配預算則於年度開始十日前編送，但歷年均未能依限實行，每屆年度開始總預算尚未公佈各機關經費，祇可援用暫行辦法，以上年度預算及追加數核簽撥付，迨總預算核定公佈，又以分配預算編送不齊，財政部先按其全年度經費十二分之一平均撥款，嗣後再行扣算，冲正手續既繁，而監督預算之執行亦多滯礙，故總預算似宜提早公佈，並嚴限各機關如期編送分配預算，以收時效而利監督。

二、縣地方預算外之攤派應絕對禁止以蘇民困

　　據本部各省審計處抽查縣財務結果，各縣近年來縣總預算雖經成立，但仍保有鉅額預算外之收支，如賠墊、徵購糧草、車輛、器具、民工以及保甲長薪津辦公等費用，並歲入預算之不敷款為數甚鉅，莫不任意向人民攤派，不獨預算制度形同虛設，益且流弊叢生，莫可

究詰。按健全自治財政為實施憲政之基礎，擬請嚴令禁
絕，以蘇民困而杜弊端。

三、各級機關節餘現金應請通飭掃數解庫以重庫款

各級機關每屆年度終結，節餘現金及生活補助費為
數甚鉅，按本部檢查各機關現金結果，多有自行挪用延
不解庫情形，曾經本部通知繳庫在案，惟是機關林立，
範圍甚廣，本部稽察難周，不無類似以上情事，擬請通
飭各級機關將各項節餘現金依限掃數解庫以重庫款。

四、公有營業及公有事業機關之預決算應一律按期送審

近年以來公營事業日益繁興，建設歲出年有增加，
各公有營業及事業機關是否能適應政府規劃推行業務，
以收預期之效果，本部於其各年度預決算及計劃報告，
實有詳加審核之必要，惟此項預決算每年經核轉到部者
為數無多，其有編送者亦大多逾期，事過境遷，審核上
已失時效，應擬請通飭一律按期送審，不得延誤，則
綜合審核之結果方能提供興革意見，使事無虛設，財不
虛靡。

五、主管部向所屬公有營業事業機關徵取解部款充預算
　外之支出亟應制止

查國營事業收入依法應全數繳納國庫，但查仍有少
數主管部會向所屬營業事業機關徵取解部款項，如交通
部、經濟部及資源委員會，每年均向所屬公有營業及事
業單位徵取之解部款為數頗鉅，查此項解部款之用途非

彌補預算超支，即溢立名目移充津貼，此項收支積習相
沿，視為固然，直使核定預算等於具文，國家歲入任意
虛靡，似應嚴加取締以重公帑。

附錄一 財政收支系統類法規

一 財政收支系統法

二十四年七月二十四日公布

第一章 總綱

第一條 中華民國各級政府財政收支之劃分、配置、調劑及分類依本法之規定。

第二條 各級政府財政收支之分類，依附表一、附表二之所定。

第二章 稅課

第三條 左列各稅為中央稅：

一、關稅：謂由海陸空進出國境之貨物進口稅、出口稅及海港之船舶噸稅等稅。

二、貨物出產稅：謂鹽稅、礦產稅及其他以法律規定之貨物出產稅。

三、貨物出廠稅：謂捲菸稅、火柴稅、水泥稅、棉紗稅、麥粉稅及其他以法律規定之工廠製造品出廠稅。

四、貨物取締稅：謂菸稅、酒稅及其他以法律規定之無益物品或奢侈物品出產製造販賣或消費之取締稅。

五、印花稅：謂交易憑證、人事憑證、許可憑證等證明文件，依法貼用之印花稅。

六、特種營業行為稅：謂交易所證券及物品交易稅、銀行兌換券發行稅及其他以法律規定之特種營業行為稅。

　　七、特種營業收益稅：謂交易所收益稅、銀
　　　　行收益稅及其他以法律規定之特種營業
　　　　收益稅。

第四條　所得稅為中央稅，但中央應以其純所入按左
　　　　列標表分給省、市、縣。

　　一、省百分之十至百分之二十。

　　二、市、縣百分之二十至百分之三十。

　　前項各款所定百分數，於非常預算得變更之。

第五條　遺產稅為中央稅，但中央應以其純所入按左
　　　　列標準分給省、市、縣。

　　一、省百分之十五。

　　二、市、縣百分之二十五。

　　省、市、縣應以前項純所入百分之四十充教
　　育經費。

　　第一項各款所定百分數，於非常預算得變
　　更之。

第六條　營業稅為省稅及直隸於行政院之市稅，其純
　　　　所入總額，在省應以百分之三十歸所屬市縣，
　　　　在直隸於行政院之市應以百分之三十歸中央。

第七條　土地稅為市、縣稅，除中央因地政機關整理
　　　　土地需用經費時，得先於純所入總額內提取
　　　　百分之十外，在市縣以其餘純所入總額百分之
　　　　十五至百分之四十五歸省，在直隸於行政院之
　　　　市以百分之十五至百分之四十五歸中央。

　　前項應歸中央或省之土地稅及中央提取之整
　　理土地經費，其總額不得超過各該市、縣土

地稅純所入額總百分之五十。

依土地法對於土地改良物徵收之稅，屬於市、縣。但縣及屬於省之市應以其純所入總額百分之十五至百分之三十歸省。

第八條　左列各稅為市、縣稅：

一、營業牌照稅：謂戲館、旅館、酒館、茶館、飯館、球房、屠宰戶及其他應行取締之營業牌照稅。

二、使用牌照稅：謂舟車牌照稅及其他因使用地方公有財產而徵收之牌照稅。

三、行為取締稅：謂筵席、電影、戲劇及其他應行取締之行為按價加徵之稅。

第九條　凡中央稅地方政府不得重徵，並不得以任何名目徵收附加捐稅。一切貨物稅均為中央稅，地方政府不得徵收，並不得阻止國內貨物之自由流通。

第十條　各級政府均不得在貨物通過地點徵收任何稅捐。但因改良水陸道路而對於通過舟車徵收之使用費，不在此限。

第十一條　各種稅課，依各單行稅法之規定徵收之。

第三章　獨占及專賣

第十二條　各級政府經法律許可，均得經營獨占公用事業。

地方政府所經營獨占公用事業之供給，以該管區域為限。但經鄰近地方政府之同意，得為擴充其供給區域之約定。

第十三條　　中央政府為增加國庫收入或統制生產消費，
　　　　　　得依法律之規定專賣貨物，並得製造之。
　　　　　　前項專賣，為中央獨有之權，地方政府不
　　　　　　得為之。

第四章　特賦

第十四條　　各級政府於該管區域內，對於因道路、堤
　　　　　　防、溝渠或其他土地改良之水陸工程而直
　　　　　　接享受利益之不動產，得徵收特賦。
　　　　　　前項特賦之徵收，不得超過各該工程直接
　　　　　　與間接實際所費之數額。若其工程之經費
　　　　　　出於借貸時，其特賦之徵收，以借貸之資
　　　　　　金及其利息之償付清楚為限。
　　　　　　本條工程之舉辦與特賦之徵收，均應經過
　　　　　　預算程序，始得為之。

第五章　規費

第十五條　　司法機關、考試機關及各級政府之行政機
　　　　　　關徵收規費，應依法律之所定。未經法律
　　　　　　規定者，非先經立法機關之議決，不得徵
　　　　　　收之。

第十六條　　各級政府所屬左列各種事業機關或組織，
　　　　　　對於直接享受其利益者，得徵收規費，但除
　　　　　　去法律另有規定外，應由該管最高級行政機
　　　　　　關核定，並應經過預算程序始得為之。
　　　　　　一、教育文化事業。
　　　　　　二、經濟建設事業。
　　　　　　三、衛生治療事業。

四、保育救濟事業。

五、保安防災事業。

六、保健娛樂事業。

小學教育傳染病之預防、殘廢之贍給及水
火災患之救濟，不得收費。

第六章　罰款

第十七條　罰金或沒收財物，非依法律，不得為之。

第十八條　各級政府依法律之規定，得制定關於罰緩
之單行規程，各公務機關及公立事業機
關，經各該主管最高行政長官之核准，亦得
為之。

第十九條　罰金及沒收財產之收入，應歸入國庫，罰緩
之收入，應分別歸入各級政府之公庫。其定
有獎賞金者，每次獎賞金至多不得逾所罰或
所沒收金額百分之三十。

第七章　售價

第二十條　各級政府對於所有財產孳生之物品，公務
機關及事業機關或組織對於出產物品，與
其應用物品中之賸餘或廢棄物品，均得按時
價售賣之。但應經各級審計機關之同意，未
設審計機關者，應經該管上級長官之核准。

第二十一條　公務機關得售賣其公開之印刷品，其售價
應以成本為標準。但關於宣傳性質或有益
於公民智識者，得在成本以下。

為取締人民行為之印紙，其售價得在成本
以上。

教育文化機關、試驗場所、監獄及其他保育救濟之處所，其出品之售價，應以成本為標準。但遇必要時，得在成本以下。

第二十二條　獨占價格及專賣價格之規定，應經立法機關之議決。

前項以外之公有營業機關所供給之物品或勞務，其售價應參酌成本及市面通行之時價定之。

獨占專賣或其他公有營業機關售賣其膽餘或廢棄物品，準用第二十條之規定。

第二十三條　各級政府出售不動產或重要財產，除法律另有規定外，準用第二十條之規定。

第八章　租金使用費及特許費

第二十四條　各級政府對於所有財產，均得依法收取租金或使用費。

第二十五條　各級政府有權經營之獨占公用事業，對於承攬經營者，得收特許費。

第九章　信託管理所入

第二十六條　各級政府依法為信託管理時，其管理費所入，應列入預算及決算。

第十章　利息利潤盈餘贈與或遺贈及其他合法之收入

第二十七條　各級政府所有金錢之利息、公務上或事業上所得之利潤、公有營業之盈餘、所受之贈與或遺贈及其他合法之收入，均各為其當然收入。

第十一章　政府間之徵免

第二十八條　各級政府及其所屬機關，為辦理公務及第
　　　　　　十六條第一項各款事業所需要之機械、儀
　　　　　　器及其他有永久性之設備物品，得免徵關
　　　　　　稅，其免稅範圍，於關稅法中定之。

第二十九條　各級政府及其所屬機關自用之簿籍、憑證
　　　　　　及所發之憑證，依印花稅法之所定免稅。

第三十條　　各級政府設立之銀行，均免徵銀行收益
　　　　　　稅，除中央銀行外，其他政府設立之銀
　　　　　　行，經取得銀行兌換券發行權者，均應徵
　　　　　　銀行兌換券發行稅。

第三十一條　各級政府及其所屬公務機關、事業機關及
　　　　　　營業機關之所得，其免稅範圍於所得稅
　　　　　　法中定之。但政府與人民合辦之營業，
　　　　　　不得免稅。

第三十二條　各級政府及其所屬機關之左列事業或營
　　　　　　業，均免營業稅，其所用土地及土地改良
　　　　　　物，並免土地稅：
　　　　　　一、交通及其他公用事業。
　　　　　　二、銀行保險及其他金融事業。
　　　　　　三、林墾礦業及無競爭性之畜牧及製造業。
　　　　　　四、專為供應政府及所屬機關之事業。
　　　　　　五、其他不以營利為目的之事業。
　　　　　　前項各款事業或營業，有兼營競爭性副業
　　　　　　者，應按其兼營部分徵營業稅及土地稅。

第三十三條　各級政府及其所屬之公務機關、事業機
　　　　　　關所用之土地及土地改良物，均免徵土

地稅。

第三十四條　各級政府及其所屬機關，除法律或契約另有規定外，對於貨物專賣及獨占公用事業，均應依其所定價格給付之。

第三十五條　各級政府或其所屬機關，對於他級或同級政府，依第十四條所規定徵收之特賦，應按其因改良工程而享受之利益，比例繳納。

第三十六條　各級政府或其所屬機關，對於他級或同級政府或其所屬機關徵收之合法規費，應繳納之。

第三十七條　各級政府或其所屬機關，使用他級或同級政府或其所屬機關之不動產、動產或其他特權時，除法律或契約另有規定外，應照繳租金、使用費或特許費。但左列之中央財產，經中央之許可，省市或縣得使用之，或享有其收益，而免繳租金或使用費：

一、歸公之不動產。

二、荒地。

第二十八條　各級政府為他級政府或同級政府代辦事項時，其受益政府應擔負相當之費用。但法律明定有辦理之義務者，不在此限。

第二十九條　各級政府左列各款收入，應免一切徵課：

一、公有事業收入與公有營業之收入及盈餘，但政府與人民合辦者，不在

此限。

二、公有權利或財物之售價，或公有金錢
之孳息。

三、所受之贈與或遺贈。

四、公債收入。

五、其他直接專屬於政府之收入。

第四十條　區、鄉、鎮之各類收入，應依類分別列入
各該市、縣之歲入預算，並免一切徵課。

第十二章　補助及協助

第四十一條　各上級政府為求所管轄各區域間教育、
文化、經濟、建設、衛生、治療、保
育、救濟等事業之平均發展，得對下級
政府給與補助金，並得由其他下級政府取
得協助金。

補助金、協助金之用途，除法律另有規定
外，以前項之事業為限。

第十三章　借貸

第四十二條　各級政府非依法律之規定，並經其立法機
關之議決，不得發行公債或為一年以上之
長期賒欠。

省、市、縣政府對外資之借貸，應先經中
央政府之許可。

省、市、縣之立法機關，得制定單行規
則，限制其行政機關之借債及賒欠。

第十四章　支出

第四十三條　各級政府之一切支出，非經預算程序，不

得為之。

第四十四條　各級政府區域內人民行使政權之費用，由各該級政府負擔之。

第四十五條　中央政府在地方行使司法權、考試權及監察權所需之費用，由中央政府負擔之。

第四十六條　國防費用及外交費用，由中央政府負擔之。

第四十七條　人民之移殖及僑務費用，由中央政府負擔之。但與移殖或僑務有特殊關係之省、市亦得自定經費。

第四十八條　區、鄉、鎮之各類費用，應依類分別列入該市、縣之經費預算。

第四十九條　教育、文化、經濟、建設、衛生、治療、保育、救濟經費之總額，其最低限度，在中央不得少於其總預算總額百分之三十，在省區或市、縣不得少於其總預算總額百分之六十。

第十五章　附則

第五十條　本法施行條例另定之。

第五十一條　本法施行日期以命令定之。

附表一　收入分類表

甲　中央收入

一、稅課收入：見附表三之甲

二、專賣收入：中央為增加國庫收入或統制生產消費而經營專賣收入均屬之。

三、特賦收入：中央為經辦水利道路及其他土地改良工

程而徵收之特賦均屬之。

四、懲罰及賠款收入：中央公務機關因執行懲罰而收入之罰金、罰鍰沒收金及沒收物之變價，因損害而要求之賠償金均屬之。

五、歸公絕產收入：國庫所受歸公絕產及其變價均屬之。

六、規費收入：中央公務機關為司法考試及執行各項行政事務依法徵收之規費，及中央所屬之事業機關或組織合法之收費均屬之。

七、代管項下收入：中央為公務人員私人或機關團體代管事項受益者，對於中央所負擔之費用均屬之。

八、代辦項下收入：中央為省市縣或機關團體代辦事項受益者，對於中央所負擔之費用均屬之。

九、物品售價收入：國有財產所孳生之物品、中央公務機關及事業機關或組織所出產之物品，與其應用物品中膡餘或廢棄之物品其售價均屬之。

十、租金使用費及特許費之收入：國有土地、國有森林、國有水陸交通之道路及設備、國有建築物及其他土地改良物、國有有形及無形財產之租金或使用費，及國營礦業權與其他國營事業權，對於承攬經營者所取之特許費均屬之。

十一、利息及利潤收入：中央所有現金、票據、證券，所獲之利息、折扣、申溢、兌換、盈餘、紅利及其他利潤之收入均屬之。

十二、公有營事及事業之盈餘收入：造幣廠、中央銀行及其他國營金融事業、郵政電信及其他國營交通

事業、國營電氣及其他公用事業、國營製造業、林墾業、畜牧業、礦業等所獲之盈餘均屬之。

十三、協助收入：中央所受省市及其他地方政府協助之收入均屬之。

十四、贈與及遺贈收入：中央所受人民贈與遺贈、地方政府贈與及其他贈與遺贈均屬之。

十五、財產及權利售價收入：國有不動產或本表甲第九類以外之動產及其他國有權利之售價均屬之。

十六、收回資本收入：中央收回其營業或非營業循環基金全部或一部分之資本均屬之。

十七、公債收入：中央發行公債庫券及其他負債證券之收入均屬之。

十八、長期賒借收入：中央不以證券借入之金錢及長期賒入貨物之價格均屬之。

十九、其他收入：中央依法應有之其他收入均屬之。

乙　省收入

一、稅課收入：見附表三之乙。

二、特賦收入：省為經辦水利道路及其他土地改良工程而徵收之特賦均屬之。

三、懲罰及賠償收入：省公務機關因執行懲罰而收入之罰鍰，及因損害而要求之賠償金均屬之。

四、規費收入：省公務機關為執行各項行政事務依法徵收之規費及省所屬之事業機關或組織合法之收費均屬之。

五、代管項下收入：省為公務人員私人或機關團體代管事項受益者，對於省所負擔之費用均屬之。

六、代辦項下收入：省為中央市縣或機關團體代辦事項受益者，對於省所負擔之費用均屬之。

七、物品售價收入：省有財產所孳生之物品、省公務機關及事業機關或組織所出產之物品，與其應用物品中賸餘或廢棄之物品，其售價均屬之。

八、租金使用費及特許費之收入：省有土地、省有森林、省有水陸交通之道路及設備、省有建築物及其他土地改良物、省有有形及無形財產之租金或使用費，及省營礦業權與其他省營事業權，對於承攬經營者所取得之特許費均屬之。

九、利息及利潤收入：省所有現金、票據、證券所獲之利息、折扣、申溢、兌換、盈餘、紅利及其他利潤之收入均屬之。

十、公有營業及事業之盈餘收入：省營銀行及其他金融事業、省營運輸及其他交通事業、省營電氣及其他公用事業、省營製造業、林墾業、畜牧業、礦業等所獲之盈餘均屬之。

十一、補助及協助收入：省所受中央補助及市縣政府協助之收入均屬之。

十二、贈與及遺贈收入：省所受人民贈與同級或他級政府贈與，及其他贈與遺贈均屬之。

十三、財產及權利售價收入：省有不動產或本表乙第七類以外之動產，及其他省有權利之售價均屬之。

十四、收回資本收入：省收回其營業或非營業循環基金全部或一部分之資本均屬之。

十五、公債收入：省發行公債庫券及其他負債證券之收

入均屬之。

十六、長期賒借收入：省不以證券借入之金錢及長期賒
入貨物之價格均屬之。

十七、其他收入：省依法應有之其他收入均屬之。

丙　市收入

一、稅課收入：見附表三之丙、丁。

二、特賦收入：市為經辦道路、堤防、溝渠及其他土地
改良工程而徵收之特賦均屬之。

三、懲罰及賠償收入：市公務機關因執行懲罰而收入之
罰鍰，及因損害而要求之賠償金均屬之。

四、規費收入：市公務機關為執行各項行政事務，依法
徵收之規費及市所屬之事業機關或組織合法之收費
均屬之。

五、代管項下收入：市為公務人員、私人或機關團體代
管事項受益者，對於市所負擔之費用均屬之。

六、代辦項下收入：市為中央或省或機關團體代辦事項
受益者，對於市所負擔之費用均屬之。

七、物品售價收入：市有財產所孳生之物品、市公務機
關及事業機關，或組織所出產之物品與其應用品中
賸餘或廢棄之物品其售價均屬之。

八、租金使用費及特許費之收入：市有土地、市有森
林、市有水陸交通之道路及設備、市有建築物及其
他土地改良物、市有有形及無形財產之租金或使用
費與市營事業權，對於承攬經營者所取之特許費均
屬之。

九、利息及利潤收入：市所有現金、票據、證券所獲之

利息、折扣、申溢、兌換、盈餘、紅利及其他利潤
之收入均屬之。

十、公有營業及事業之盈餘收入：市營銀行及其他金融
事業、市營運輸及其他交通事業、市營電氣及其他
公用事業等所獲之盈餘均屬之。

十一、補助收入：市所受中央或省政府補助之收入均
屬之。

十二、贈與及遺贈收入：市所受人民或其他贈與遺贈
均屬之。

十三、財產及權利售價收入：市有不動產或本表丙第七
類以外之動產，及其他市有權利之售價均屬之。

十四、收回資本收入：市收回其營業或非營業循環基
金全部或一部分之資本均屬之。

十五、公債收入：市發行公債及其他負債證券之收入
均屬之。

十六、長期賒借收入：市不以證券借入之金錢及長期
賒入貨物之價格均屬之。

十七、其他收入：市依法應有之其他收入均屬之。

丁　縣收入

一、稅課收入：見附表三之丁。

二、特賦收入：縣為經辦道路堤防溝渠及其他土地改良
工程而徵收之特賦均屬之。

三、懲罰及賠償收入：縣公務機關因執行懲罰而收入之
罰鍰，及因損害而要求之賠償均屬之。

四：規費收入：縣公務機關為執行各項行政事務，依法
徵收之規費及縣所屬之事業機關，或組織合法之收

費均屬之。

五、代管項下收入：縣為公務人員私人或機關團體代管
　　事項受益者，對於縣所負擔之費用均屬之。

六、代辦項下收入：縣為中央或省或機關團體代辦事項
　　受益者，對於縣所負擔之費用均屬之。

七、物品售價收入：縣有財產所孳生之物品、縣公務機
　　關及事業機關或組織所出產之物品，與其應用物品
　　中賸餘或廢棄之物品其售價均屬之。

八、租金使用費及特許費之收入：縣有土地、縣有森
　　林、縣有水陸交通之道路及設備、縣有建築物及其
　　他土地改良物、縣有有形及無形財產之租金或使用
　　費，及縣營礦業權與其他縣營事業權，對於承攬經
　　營者所取之特許費均屬之。

九、利息及利潤收入：縣所有現金、票據、證券所獲之
　　利息、折扣、申溢、兌換、盈餘、紅利及其他利潤
　　之收入均屬之。

十、公有營業及事業之盈餘收入：縣營銀行及其他金融
　　事業、縣營運輸，及其他交通事業、縣營電氣及其
　　他公用事業、縣營林墾事業等所獲之盈餘均屬之。

十一、補助收入：縣所受省或中央補助之收入均屬之。

十二、贈與及遺贈收入：縣所受人民及其他贈與遺贈
　　　均屬之。

十三、財產及權利售價收入：縣有不動產或本表丁第七
　　　類以外之動產，及其他縣有權利之售價均屬之。

十四、收回資本收入：縣收回其營業或非營業循環基
　　　金全部或一部份之資本均屬之。

十五、公債收入：縣發行公債及其他負債證券之收入均屬之。

十六、長期賒借收入：縣不以證券借入之金錢及長期賒入貨物之價格均屬之。

十七、其他收入：縣依法應有之其他收入均屬之。

附表二　支出分類表

甲　中央支出

一、政權行使支出：國民或國民代表對於中央行使政權由國庫之支出均屬之，在訓政時期中國國民黨行使政權由國庫之支出亦屬之。

二、國務支出：國民政府之各項支出，除所屬機關另有科目列舉者外均屬之。

三、行政支出：行政院及所屬各機關之各項支出，除另有科目列舉者外均屬之。

四、立法支出：立法院之各項支出均屬之。

五、司法支出：司法院及所屬各機關之各項支出均屬之。

六、考試支出：考試院及所屬機關與其在中央或地方行使考試、銓敘權之支出均屬之。

七、監察支出：監察院及所屬機關與其在中央或地方行使監察、審計權之支出均屬之。

八、教育及文化支出：關於教育、學術、文化等之中央事業及補助之支出均屬之。

九、經濟及建設支出：關於經濟、交通、實業、勞工、建設等中央事業及補助之支出均屬之。

十、衛生及治療支出：關於衛生、防疫、醫藥等之中央

事業及補助之支出均屬之。

十一、保育及救濟支出：關於育幼、養老、救災、卹
貧、贍給殘廢等之中央事業及補助支出均屬之。

十二、營業投資及維持之支出：中央政府自辦或合辦
之營業投資及虧空填補之支出均屬之。

十三、國防支出：關於陸海空軍之支出及國防特別經
費均屬之。

十四、外交支出：關於使領館等經費外交特別經費及
關係外交之事業及補助之支出均屬之。

十五、僑務支出：關於僑務之事業及補助之支出均
屬之。

十六、移殖支出：關於屯墾移民之中央事業及補助之
支出均屬之。

十七、財務支出：財務部所屬辦理國幣收支管理及國
債募集償還等特種公務機關之支出均屬之。

十八、債務支出：中央內外長短期債及賒借等債務之
還本付息及其折扣申溢之支出均屬之。

十九、公務人員退休及撫卹支出：中央公務機關及事
業機關或組織人員之退休金及撫卹金之支出均
屬之。

二十、損失支出：中央各機關關於貨幣、票據、證券
之兌換買賣損失及其他損失之支出均屬之。

廿一、信託管理支出：中央代管及代辦事項之支出均
屬之。

廿二、普通補助支出：中央補助各級地方政府，未經
明令其用途之支出均屬之。

廿三、其他支出：中央依法應為之其他支出均屬之。

乙　省支出

一、政權行使支出：省公民或其代表對於省行使政權由
　　省庫之支出均屬之，在訓政時期中國國民黨行使政
　　權由省庫之支出亦屬之。

二、行政支出：省政府及所屬各機關之各項支出，除另
　　有科目列舉者外均屬之。

三、立法支出：省參議會之各項支出均屬之。

四、教育及文化支出：關於教育、學術、文化等之省事
　　業及補助之支出均屬之。

五、經濟及建設支出：關於經濟、交通、實業、勞工、
　　建設等省事業及補助之支出均屬之。

六、衛生及治療支出：關於衛生保健、防疫、醫藥等之
　　省事業及補助之支出均屬之。

七、保育及救濟支出：關於育幼、養老、救災、卹貧、
　　瞻給殘廢及其他救濟事業之省事業及補助之支出均
　　屬之。

八、營業投資及維持之支出：省政府自辦或合辦之營業
　　投資及虧空填補之支出均屬之。

九、保安支出：關於省保安、水陸警察、消防等組織及
　　其設備供給補助等之支出均屬之。

十、移殖支出：關於開墾移殖之省事業及補助之支出均
　　屬之。

十一、財務支出：省所屬辦理公帑收支管理及省公債
　　　　募集償還等特種公務機關之支出均屬之。

十二、債務支出：省債券及賒借等債務之還本付息，

及其折扣申溢之支出均屬之。

十三、公務人員退休及撫卹支出：省公務機關及事業機
關或組織人員之退休金及撫卹金支出均屬之。

十四、損失支出：省各機關關於貨幣、票據、證券之
兌換買賣損失及其他損失之支出均屬之。

十五、信託管理支出：省代管及代辦事項之支出均屬之。

十六、普通協助及補助支出：省協助中央及補助下級
地方未經明定其用途之支出均屬之。

十七、其他支出：省依法應為之其他支出均屬之。

丙　市支出

一、政權行使支出：市公民或其代表對於市行使政權由
市庫之支出均屬之，在訓政時期中國國民黨行使政
權由市庫之支出亦屬之。

二、行政支出：市政府及所屬各機關之各項支出，除另
有科目列舉者外均屬之。

三、立法支出：市立法機關之各項支出均屬之。

四、教育文化支出：教育、學術、文化等之市事業及補
助之支出均屬之。

五、經濟及建設支出：關於經濟、交通、實業、勞工、
建設等市事業及補助之支出均屬之。

六、衛生及治療支出：關於衛生保健、防疫、醫藥等之
市事業及補助之支出均屬之。

七、保育及救濟支出：關於育幼、養老、救災、卹貧、
贍給殘廢及其他救濟事業之市事業及補助之支出均
屬之。

八、營業投資及維持之支出：市政府自辦或合辦之營業

投資及虧空填補之支出均屬之。

九、保安支出：市警察、保衛、消防組織及其設備供給，由市庫之支出均屬之。

十、財務支出：市辦理公帑收支管理及市公債募集償還等特種公務機關之支出均屬之。

十一、債務支出：市債券及賒借等債務之還本付息，及其折扣申溢之支出均屬之。

十二、公務人員退休及撫卹支出：市公務機關及事業機關或組織人員之退休金及撫卹金支出均屬之。

十三、損失支出：市各機關關於貨幣、票據、證券之兌換買賣損失及其他損失之支出均屬之。

十四、信託管理支出：市代管及代辦事項之支出均屬之。

十五、普通協助及補助支出：市協助中央或省及補助區未經明定其用途之支出均屬之。

十六、其他支出：市依法應為之其他支出均屬之。

丁　縣支出

一、政權行使支出：縣公民及其代表對於縣行使政權由縣庫之支出均屬之，在訓政時期中國國民黨行使政權由縣庫之支出亦屬之。

二、行政支出：縣政府及所屬各機關之各項支出另有科目列舉者外均屬之。

三、立法支出：縣立法機關之各項支出均屬之。

四、教育及文化支出：教育、學術、文化、娛樂等之縣事業及補助之支出均屬之。

五、經濟及建設支出：關於經濟、交通、實業、勞工、建設等縣事業及補助之支出均屬之。

六、衛生及治療支出：關於衛生、保健、防疫、醫藥等
之縣事業及補助之支出均屬之。

七、保育及救濟支出：關於育幼、養老、救災、卹貧、
瞻給殘廢及其他救濟事業之縣事業及補助之費用均
屬之。

八、營業投資及維持之支出：縣政府自辦或合辦之營利
事業投資及虧空填補之支出均屬之。

九、保安支出：縣警察、保衛、消防等組織及其設備供
給補助等由縣庫之支出均屬之。

十、財務支出：縣辦理公帑收支管理及縣公債募集償還
等特種公務機關之支出均屬之。

十一、債務支出：縣債券及賒借等債務之還本付息及
其折扣申溢之支出均屬之。

十二、公務人員退休及撫卹支出：縣公務機關及事業機
關或組織人員之退休金及撫卹金之支出均屬之。

十三、損失支出：縣各機關關於貨幣、票據、證券之
兌換買賣損失及其他損失之支出均屬之。

十四、信託管理支出：縣代管及代辦事項之支出均屬之。

十五、普通協助及補助支出：縣協助省或其他政府及補
助區鎮鄉公所未經明定其用途之支出均屬之。

十六、其他支出：縣依法應為之其他支出均屬之。

附表三　稅課分類表
甲　中央稅
　　一、關稅
　　　　1. 貨物進口稅

2. 貨物出口稅

3. 船舶噸稅

二、貨物出產稅

1. 鹽稅

2. 礦產稅

3. 其他以法律規定之出產稅

三、貨物出廠稅

1. 捲菸稅

2. 火柴稅

3. 水泥稅

4. 棉紗稅

5. 麥粉稅

6. 其他以法律規定之出廠稅

四、貨物取締稅

1. 菸稅

2. 酒稅

3. 其他以法律規定之無益品或奢侈物品取締稅

五、印花稅

六、特種營業行為稅

1. 交易所證券及物品交易稅

2. 銀行兌換券發行稅

3. 其他以法律規定之特種營業行為稅

七、特種營業收益稅

1. 交易所稅

2. 銀行收益稅

八、所得稅

　　九、遺產稅

　　十、由直隸於行政院之市分得之營業稅

　　十一、由市縣分得之土地稅

乙　省稅

　　一、營業稅

　　二、由縣市分得之土地稅

　　三、由縣市分得之房產稅：土地法施行後併入土地
　　　　改良物稅

　　四、由中央分給之所得稅

　　五、由中央分給之遺產稅

丙　直隸於行政院之市稅

　　一、土地稅

　　二、房屋稅：土地法施行後併入土地改良物稅

　　三、營業稅

　　四、營業牌照稅

　　五、使用牌照稅

　　六、行為取締稅

　　七、由中央分給之所得稅

　　八、由中央分給之遺產稅

丁　縣稅或隸屬於省之市稅

　　一、土地稅

　　二、房產稅：土地法施行後併入土地改良物稅

　　三、營業牌照稅

　　四、使用牌照稅

　　五、行為取締稅

　　六、由中央分給之所得稅

七、由中央分給之遺產稅

八、由省分給之營業稅

二　財政收支系統法施行條例

二十六年三月二十五日公布
二十七年一月一日施行

第一條　本條例依財政收支系統法第十五條之規定制定之。

第二條　所得稅依財政收支系統法第四條所定標準，於本條例施行之第一年度由中央確定分給省市縣之百分數，以後每三年重定一次。

所得稅依前項之所定，遺產稅依財政收支統法第五條之所定分給省市縣之部分，由中央統籌分配之。

依前項所定分給縣市之部分，由各該省政府擬定分配數額，呈經行政院核准行之。

第三條　營業稅分給縣市之部分，由各該省政府擬定分配數額，呈經行政院核准行之。

第四條　各地方原有之牙稅、當稅、屠宰稅及其他有營業稅性質者，應改徵營業稅。其牙帖稅、當帖稅、屠宰戶執照稅及其他有營業牌照稅性質者，改辦營業牌照稅。

第五條　土地稅及土地改良物稅依財政收支系統法第七條所定標準，於本條例施行之第一年度由各縣市政府擬定撥歸省之百分數，呈由省政院轉呈行政院核定，直隸於行政院之市撥歸

中央之土地稅百分數，由市政府擬定，呈請行政院核定，以後均每三年重定一次。

在未依土地法舉辦土地稅之各省市縣，其田賦之分配，準用前項之規定。

第六條　各省市現行契稅，在未依土地法舉辦土地稅區域，得照舊徵收分配。

第七條　各省市縣原有之船捐及車捐，應改徵舟車牌照稅。

因水陸道路之改良及設備，對於通過之舟車得徵收使用費。

前二項稅費之徵收，另以條例定之。

第八條　各省市縣對於中央現行各稅重徵或徵收附加稅捐者，應即廢止。但因特殊情形尚未籌得抵補者，得呈准行政院分期裁廢，或由中央收回整理另給補助，至多均以三年為限。

第九條　各省市縣已設之專賣事業，應依財政收支系統法第十三條之規定，由中央接辦。但原有專賣所入尚未籌得抵補者，得由中央補助之，以三年為限。

第十條　各省市縣政府依財政收支系統法第十四條所定徵收特賦，應將工程計劃、經費概算及徵收辦法，分別呈經上級政府核准後，方得列入預算。

第十一條　財政收支系統法第十九條所定獎賞金之給予，以報信人直接執行查緝之人員及軍警為限。

第十二條　各省市縣依財政收支系統法第二十二條所定為獨占價格之規定時，其立法機關尚未成立者，應呈經該管上級機關核准。

第十三條　財政收支系統法第二十八條所定免徵關稅事項，在關稅法未頒佈以前，暫依現行免徵關稅成例辦理。

第十四條　財政收支系統法第三十條所定免徵銀行收益稅之銀行，除法律另有規定外，以完全官股者為限。

第十五條　省政府於所屬縣市之補助、協助，應先擬定數額，呈經行政院核准行之。

第十六條　所得稅、遺產稅、營業稅、土地稅、土地改良物稅之分配額，及政府間之補助、協助金額，應由上級政府於擬定概算一個月前通知各該下級政府。

第十七條　各省市縣依財政收支系統法第四十二條所定為借貸時，其立法機關尚未成立者，應先經上級政府之核准。

第十八條　各級政府對於財政收支系統第四十九條所定之教育、文化、經濟、建設、衛生、治療、保育、救濟等經費，應於五年內逐漸增至該條所定之標準數額。

第十九條　本條例自財政收支系統施行之日施行。

三　國民政府令財政收支系統法俟軍事結束再行定期實施

二十九年一月二十四日

財政收支系統法及其施行條例，著展期至民國三十年一月一日施行。此令。

四　改訂財政收支系統實施綱要

三十年十一月八日公布

一、全國財政收支分為國家財政與自治財政兩系統。
　　（其分類依附表之規定）

二、國家財政包括原屬國家及省與行政院直轄市（除自治財政收支部份外）之一切收入支出。

三、自治財政以市縣為單位包括市縣鄉（鎮）之一切收入支出。

四、國家稅課收入分配於市縣者，依左列之標準：

　　1. 印花稅按純收入以百分之三十撥市縣。

　　2. 遺產稅按純收入以百分之二十五撥市縣。

　　3. 營業稅按純收入以百分之三十至五十撥市縣。

　　4. 土地稅（在土地法未實施前仍稱田賦）原屬省收入部份悉歸中央，其原屬市縣收入部份暫仍其舊，但在徵收實物時期，實物悉歸中央，原屬市縣收入部份，由中央參酌原收入金額撥付之。

　　5. 契稅原屬省府收入部份悉歸中央，其原屬市縣收入部份暫仍其舊。

　　6. 屠宰稅從營業稅內劃出全額歸市縣。

五、所得稅悉歸中央。

六、市縣之補助金由中央核定撥給之。

財政收支系統分類表
甲、國家財產收支系統
　子、收入之部
　　一、稅課收入
　　　　1.土地稅（在未依土地法徵收土地稅以前
　　　　　為田賦及契稅）
　　　　2.所得稅
　　　　3.遺產稅
　　　　4.非常時期過分利得稅
　　　　5.營業稅
　　　　6.特種營業收益稅
　　　　7.特種營業行為稅
　　　　8.印花稅
　　　　9.關稅
　　　　10.鹽稅
　　　　11.礦稅
　　　　12.貨物出廠稅
　　　　13.貨物取締稅
　　　　14.戰時消費稅
　　二、專賣收入
　　三、特賦收入
　　四、懲罰及賠償收入
　　五、歸公絕產收入
　　六、規費收入
　　七、信託管理收入
　　八、財產及權利收入

九、公有營業之盈餘收入

十、公有事業之收入

十一、協助收入

十二、捐獻及贈與收入

十三、財產及權利之售價收入

十四、收回資本收入

十五、公債收入

十六、賒借收入

十七、其他收入

丑、支出之部

一、政權行使支出

二、國務支出

三、行政支出

四、立法支出

五、司法支出

六、考試支出

七、監察支出

八、教育及文化支出

九、經濟及建設支出

十、衛生及治療支出

十一、保育及救濟支出

十二、營業投資及維持之支出

十三、國防支出

十四、保安支出

十五、外交支出

十六、僑務支出

十七、移殖支出

十八、財物支出

十九、債務支出

二十、公務人員退休及撫卹支出

廿一、損失支出

廿二、信託管理支出

廿三、補助支出

廿四、其他支出

乙、自治財政收支系統

　子、收入之部

　　一、課稅收入

　　　　1.土地改良物稅（在土地法未實施前仍稱房捐）

　　　　2.屠宰稅

　　　　3.營業牌照稅

　　　　4.使用牌照稅

　　　　5.行為取締稅

　　　　6.土地稅之一部（在未依土地法徵收土地稅前為田賦及契稅）

　　　　7.中央劃撥遺產稅二成五

　　　　8.中央劃撥營業稅三成至五成

　　　　9.中央劃撥印花稅三成

　　二、特賦收入

　　三、懲罰及賠償收入

　　四、規費收入

　　五、信託管理收入

六、財產及權利收入

七、公有營業之盈餘收入

八、公有事業收入

九、補助收入

十、地方性之捐獻與贈與收入

十一、財產及權利之售價收入

十二、收回資本收入

十三、公債收入

十四、賒借收入

十五、其他收入

丑、支出之部

一、政權行使支出

二、行政支出

三、立法支出

四、教育及文化支出

五、經濟及建設支出

六、衛生及治療支出

七、保育及救濟支出

八、營業投資及維持之支出

九、保安支出

十、財務支出

十一、債務支出

十二、公務人員退休及撫卹支出

十三、損失支出

十四、信託管理支出

十五、協助支出

十六、其他支出

五　中央分配縣市國稅處理辦法

一、依照改訂財政收支系統實施綱要之分配，縣市之田賦、營業稅、遺產稅、印花稅等處理手續，依本辦法規定辦理之。

二、中央分配縣市之國稅，除田賦另有規定外，餘照當年度各該稅收入預算數，除去徵收費之淨額依照財政部核定分配標準，以「分配縣市國稅支出」科目分省彙列國家總預算。

前項徵收費率，由財政部察酌情形，於編製年度概算時分別規定之。

三、各省政府按照國家總預算所列分配各省縣市之國稅數，分配於所屬各縣市，由各該縣市以「稅課收入」科目列入縣市總預算。

前項分配標準，除以各該稅收入百分之七十分配於原縣市外，其餘百分之三十由各省政府斟酌各縣市財政情形統籌分配之，並將各縣應攤之百分數，列單通知各該省區稅務管理局。

四、分配縣市預算之稅款，除田賦一項按照規定分配各縣市預算數按月平均劃撥外，其營業稅、遺產稅、印花稅，應按國庫實收數扣除徵收費退稅款及其他不屬分配範圍各款，以其純收入按照核定分配標準撥付之。

五、分配縣市之營業稅遺產稅、印花稅，除第一個月暫照上年度預算平均數預撥一個月外，第二個月，

即照一月份純收入數劃撥，以後各月依此遞推，
其第十二個月撥付數，應查明全年應撥數額統算核
計扣補。

六、國庫總分支庫每月所收營業稅、遺產稅、印花稅款
項，應分別省市縣年度科目機關及金額，造具收入
日報，應於兩日內除遞送國庫總庫外，並分送該省
區稅務管理局及財政廳或財政局。

各省市直接稅局，每月上旬彙齊所收國庫總分支庫
上月份收入日報，按各種稅收科目，分別實收數應
扣徵收費退稅款暨應撥縣市數額，電陳財政部先行
核撥，仍一面填具報告表，分送財政部及各該財政
廳或財政局查對。

七、分配縣市之國稅，比照國庫統一處理各省收支暫行
辦法之規定，由財政部簽發撥字支付書，劃撥各該
分庫列收「分配縣市某項稅款總帳戶」，由各該財
政廳按照前條應撥縣市數額分給各縣市，簽具直字
撥款書，一次逕撥各該縣市具領。

八、國庫分庫及財政廳或財政局劃撥前項稅款應編送
之報告表，依國庫統一處理各省收支暫行辦法第三
條、第二十四條及第二十五條之規定。

九、本辦法由財政部呈請行政院核准施行，並轉呈國防
最高委員會備案。

附錄二　審計類法規

一　審計法

二十七年五月三日公布

二十八年三月四日修正第十條文

第一章　通則

第一條　中華民國各級政府及其所屬機關財務之審計，
　　　　依本法之規定。

第二條　審計職權如左：

　　　　一、監督預算之執行。

　　　　二、核定收支命令。

　　　　三、審核計算決算。

　　　　四、稽察財政上之不法或不忠於職務之行為。

第三條　審計職權，由監察院審計部行使之。

第四條　中央各機關及其所屬機關財務之審計，由審
　　　　計部辦理，其在各省市地方者，由審計部或
　　　　審計辦事處辦理之。

第五條　各省政府及直隸於行政院之市政府及其所屬
　　　　機關財務之審計，由審計部就各該省市所設
　　　　之審計處辦理之。

第六條　各特種公務機關、公有營業機關、公有事業
　　　　機關財務之審計，由審計部就各該組織範圍
　　　　所設之審計辦事處辦理之。

第七條　未依前二條規定設有審計處或審計辦事處
　　　　者，其財務之審計，由審計部辦理，或指定
　　　　就近審計處或審計辦事處兼理之。

第八條　審計機關對於審計事務，為辦理之便利，得
　　　　委託其他審計機關辦理，其結果仍應通知委
　　　　託之審計機關。

第九條　審計人員獨立行使其審計職權，不受干涉。

第十條　審計機關處理重要審計案件，在部以審計會
　　　　議，在處以審核會議決議行之。

　　　　前項審計會議及審核會議之會議規則，由審
　　　　計部定之。

第十一條　審計機關應派員赴各機關執行審計職務，
　　　　　但對於縣或有特殊情形之機關，得由審計
　　　　　機關通知其送審，仍應每年派員就地為抽
　　　　　查之審計。

第十二條　審計人員為行使職權，向各機關查閱簿籍
　　　　　憑證或其他文件，或檢查現金財物時，各
　　　　　該主管人員不得隱匿或拒絕，遇有疑問，
　　　　　並應為詳實之答覆。

　　　　　遇有違背前項規定，審計人員應將其事實
　　　　　報告該管審計機關，通知各該機關長官予
　　　　　以處分，或呈請監察院核辦。

第十三條　審計機關為行使職權，得派員持審計部稽
　　　　　察證，向有關之公私團體或個人查詢，或
　　　　　調閱簿籍憑證，或其他文件，各該負責人
　　　　　不得隱匿或拒絕，遇有疑問，並應為詳實
　　　　　之答覆。

　　　　　行使前項職權，遇必要時，得知照司法或
　　　　　警察機關協助。

第十四條　審計機關或審計人員行使前二條之職權，遇必要時，得臨時封鎖各項有關簿籍、憑證或其他文件，並得提取其全部或一部。

第十五條　審計人員發覺各機關人員有財務上之不法或不忠於職務之行為，應報告該管審計機關，通知各該機關長官處分之，並得由審計部呈請監察院依法移付懲戒。

第十六條　審計人員對於前條情事，認為有緊急處分之必要，應立即報告該管審計機關，通知該機關長官從速執行之。

該機關長官接到前項通知，不為緊急處分時，應連帶負責。

第十七條　遇有應負賠償之責任者，審計機關應通知該機關長官限期追繳。

第十八條　第十二條第二項第十五條至第十七條所舉情事，其負責者為機關長官時，審計機關應通知其上級機關執行處分。

第十九條　對於審計機關通知處分之案件，各機關有延壓或處分不當情事，審計機關應查催或質詢之，各該機關應為負責之答覆。

審計機關對於前項答覆，仍認為不當時，得由審計部呈請監察院核辦。

第二十條　各機關違背本法之規定，其情節重大者，審計機關除依法辦理外，並得拒絕核簽該機關經費支付書。

第二十一條　審計機關或審計人員，對於各機關顯然不
　　　　　　當之支出，雖未超過預算，亦得事前拒
　　　　　　簽，或事後駁覆之。

第二十二條　各機關接得審計機關之審核通知，應依限
　　　　　　聲覆，其逾限者，審計機關得逕行決定。

第二十三條　各機關對於審計機關之決定不服時，得自
　　　　　　接到通知之日起三十日內聲請覆議，但以
　　　　　　一次為限。

第二十四條　審計機關對於審查完竣案件，自決定之日
　　　　　　起，五年內發現其中有錯誤、遺漏、重複
　　　　　　等情事，得為再審查，若發現詐偽之證
　　　　　　據，經過五年後，仍得為再審查。

第二十五條　各機關人員對於財務上行為應負之責任，
　　　　　　非經審計機關審查決定，不得解除。

第二十六條　審計機關如因被審核機關之負責人員行蹤
　　　　　　不明，致案件無法清結時，除通知其主管
　　　　　　機關負責查追外，得摘要公告，並將負責
　　　　　　人員姓名通知銓敍機關，在未經清結前，
　　　　　　停止敍用。

第二十七條　關於審計之各種章則及書表格式，由審計
　　　　　　部定之。

第二十八條　審計部應將每會計年度審計之結果，編製
　　　　　　審計報告書，並得就應行改正之事項，附
　　　　　　具意見，呈由監察院呈報國民政府。

第二章　事前審計

第二十九條　各機關應於預算開始執行前，將核定之分

配預算，送審計機關，其與法定預算不符
者，審計機關應糾正之。

前項分配預算，如有變更，應另造送。

第三十條　財政機關發放各項經費之支付書，應送審
計機關核簽，非經核簽，公庫不得付款或
轉帳。

第三十一條　各機關收支憑證，應連同其他證件，送駐
公庫或駐各機關之審計人員核簽，非經核
簽，不得收付款項。但未駐有審計人員
者，不在此限。

第三十二條　審計機關或審計人員，核簽支付書、收支
憑證，發現與預算或其他有關審計法令不
符時，應拒絕之。

第三十三條　審計機關或審計人員，對於支付書或收支
憑證核簽與否，應從速決定，除有不得已
之事由外，自收受之日起，不得逾三日。

第三十四條　駐有審計人員之機關，應將記帳憑證送該
審計人員核簽。

第三章　事後審計

第三十五條　駐有審計人員之機關，應將各項日報逐日
送該審計人員查核，該審計人員對其各項
簿籍得隨時檢查，並與一切憑證及現金財
物等核對。

第三十六條　各機關於每月終了後，應依法分別編製各
項會計報告，送該管審計機關，或駐機關
之審計人員查核。

第三十七條　未駐有審計人員之機關，其收支憑證因特
　　　　　　殊情形，准予免送者，審計機關除就報告
　　　　　　查核外，得派員赴各機關審核其有關之簿
　　　　　　籍、憑證及案卷。

第三十八條　駐在或派赴各機關之審計人員，應將審核
　　　　　　結果向該管審計機關報告，經決定後，分
　　　　　　別發給核准通知或審核通知於各該機關。

第三十九條　經審計機關通知送審之機關，於造送各項
　　　　　　會計報告時，應將有關之原始憑證及其他
　　　　　　附屬表冊一併送審。
　　　　　　前項審核結果，應由審計機關分別發給核
　　　　　　准通知或審核通知。

第四十條　　各機關編製之年度決算，應送審計機關
　　　　　　審核，審計機關認為符合者，應發給核
　　　　　　准書。

第四十一條　審計機關依本法第二十四條為再審查之結
　　　　　　果，如變更原決定者，其已發之核准書，
　　　　　　失其效力，並應限期納銷。

第四十二條　主管公庫機關及代理公庫之銀行，應將每
　　　　　　日庫款收支詳具報告，逐日送該管審計機
　　　　　　關或駐公庫之審核人員查核。

第四十三條　主管公庫機關應按月編造庫款收支月報，
　　　　　　並於年度終了時，編造庫款收支年報，分
　　　　　　別依限送該管審計機關查核。

第四十四條　經理公債財物或特種基金之機關，應按月
　　　　　　編造動態月報，並於年度終了時，編造年

報，分別依限送該管審計機關查核。

第四十五條　各級政府編製之年度總決算，應送審計機關審定，審計機關審定後，應加具審查報告，由審計部彙核，呈由監察部轉呈國民政府。

第四章　稽察

第四十六條　審計機關對於各機關之一切收支，得隨時稽察之。

第四十七條　審計機關對於各機關之現金、票據、證券，得隨時檢查之。

第四十八條　審計機關對於各機關之財物，得隨時盤查，遇有遺失損毀等情事，非經審計機關證明，其對於良善管理人應有注意並無怠忽者，經管人應負其責任。

如遇水火盜難，或其他意外事故，各機關所管之現金、票據、證券與會計檔案，及其他重要公有財物，應分別解繳公庫，或移地保管。倘因怠忽致有遺失損毀者，該機關長官及主管人員，應負賠償之責。

第四十九條　各機關營繕工程及購置變賣各種財物之開標、決標、驗收，應通知審計機關派員監視，其不合法定手續，或與契約章則不符者，監視員應糾正之。

第五十條　經管債券機關，於債券抽籤、償還及銷毀收回之債券時，應通知審計機關派員監視。

第五十一條　各機關有有關財務之組織，由審計機關派

員參加者，其決議事項，審計機關不受拘
束，但以審計機關參加人對於決議曾表示
反對者為限。

第五十二條　審計機關對於各機關有關財物之行政事
項，得調查之，認為有不當者，得隨時提
出意見於各該機關。

第五十三條　審計機關對於審計上監視、鑑定等事項，
得委託其他機關團體或個人辦理之。

第五章　附則

第五十四條　審計機關對於受公款補助之私人或團體應
行審計事務，得依本法之規定執行之。

第五十五條　本法施行細則，由審計部擬訂呈請監察院
核定之。

第五十六條　本法自公布日施行。

二　審計法施行細則

二十七年七月二十三日
奉國民政府渝字第九四七號指令准予備案
二十八年七月二十五日
奉國民政府渝字第一三五八號指令准予備案

第一條　本細則依審計法第五十五條訂之。

第二條　依審計法第十一條前段之規定，審計部得酌量
情形，逐漸推行就地審計，但在審計機關未派
員赴各機關就地審計前，各機關仍應送審。

第三條　審計法第十一條但書規定，得送審之機關，
其送審內容，審計機關得斟酌情形，依審計

法第三十七條規定辦理。

第四條　審計機關派員對各機關之現金票據證券帳簿等施行檢查時，得逕以審計機關派員文件或稽察證，交檢查機關閱視後為之。

第五條　審計人員在外執行職務，應製作報告呈報主管審計機關，遇有查詢事件，應製作筆錄交受查詢人閱覽後，令其署名蓋章。

第六條　審計人員因執行勤務有使用稽察證之必要時，由該管審計機關長官核發，稽察證須記明事由地點時日及持用人職別姓名。
　　　　稽察證使用規則另定之。

第七條　審計人員依審計法第十四條規定執行封鎖時，應製作筆錄，記明封鎖物之種類件數，加封於封面署名蓋章，並令物之所有人或其關係人於筆錄及封面署名蓋章，前項封鎖物應令物之所有人或其關係人負責保管，不得擅自拆封。

第八條　審計人員依審計法第十四條規定，執行提取時應製作筆錄，記明提取物之種類件數，並作成收據，交物之所有人或其關係人收執。

第九條　審計機關依審計法規定發出之通知書，應附記明送達日期之回條，或以雙掛號郵件送達。
　　　　同一案件受通知之機關有數個時，應分別送達。

第十條　審計機關通知書定有期限者，受通知之機關應依限聲復，其不能依限聲復者，應於限內

敍明事由聲請展期。

第十一條　受通知執行處分之機關接受通知後，應依通知書內容執行處分，並將處分結果聲復審計機關。

第十二條　審計機關就審核案件為剔除繳還或賠償之決定者，於本案確定後應通知受審核機關及主管公庫機關，於必要時，並通知受審核機關之主管上級機關。

第十三條　各機關聲請復議，已逾審計法第二十三條所定期限，而未於期限內聲請展期者，審計機關不予覆核。

第十四條　各機關聲請復議，原決定審計機關認為有理由者，應變更原決定，認為無理由或理由不充分，經駁復後，受審核機關仍堅持前項聲請者，應附具意見檢同關係文件，呈送上級審計機關覆核。

第十五條　派駐各機關審計人員之決定，視為該管審計機關之決定，但聲請復議之案件，應由該管審計機關依前條規定辦理。

第十六條　審計機關委託其他審計機關辦理審計案件時，受委託之審計機關應將辦理結果，通知原委託之審計機關決定之。

第十七條　審計機關依審計法第二十六條所為之公告，於各級政府公報及審計部公報為之。

第十八條　各機關對分配預算，為一部或全部之變更，有不合程序，或與預算法不符時，審

計機關應糾正之。

第十九條　財政機關因預算法第六十八條所列各款情事，得以暫付款支付書送請審計機關核簽，在非常預算未成立前，其責任由財政機關負之。

第二十條　各機關因重大災變或緊急工程，得以暫付款支付憑證送請駐在審計人員核簽，在支付法案未成立前，其責任由該機關負之。

第二十一條　各機關得以暫收款收入憑證送請審計機關核簽，在收入法案未成立前，其責任由各該機關負之。

第二十二條　審計機關依審計法之規定拒絕核簽支付書時，應發拒簽事由之通知書，分別送達簽發機關及領款機關，或領款人派駐各機關之審計人員為拒簽收支憑證之決定時，除依前項規定辦理外，並應即時向該管審計機關報告。

第二十三條　審計機關或審計人員對支付書或收支憑證，因不得已事故，不能於審計法第三十三條所定期限內核簽者，應於限期內通知不能核簽之事由。

第二十四條　各機關之會計報告，應直接送達於各該管審計機關，審計機關之審核通知或核准通知，應直接送達於受審機關。

第二十五條　各機關應送審計機關之報告應依左列期限：
一、日報於次日內送出。

二、月報於期間經過後十五日內送出。

三、年報於期間經過後三個月內送出。

第二十六條　各機關應送之會計報告，不依前條所定期限送審者，審計機關應予催告，經催告後仍不送審者，得依審計法第十五條規定辦理。

第二十七條　各機關送審各項會計報告時，應附送原始憑證及其他附屬表冊。

原始憑證及表冊之種類格式由審計部另定之。

第二十八條　主管公庫機關及代理公庫之銀行，每日應送報表，報表之種類格式由審計部另定之。

第二十九條　主管公庫機關每月及年終應送報表。

報表之種類格式由審計部另定之。

第三十條　　經理公債財物或特種基金之機關，每月及年終應送報表。

報表之種類格式由審計部另定之。

第三十一條　審計機關發給各機關之核准書，應送由各機關之主管上級機關轉發。

第三十二條　審計處或審計辦事處辦理在各省市中央各機關及其所屬機關之審計案件，認為應發核准書者，應將審核結果呈由審計部核發。

第三十三條　前條規定於審計辦事處辦理各特種公務機關、公有營業機關、公有事業機關之審計

案件準用之。

第三十四條　各級政府編製之年度總決算，審計機關審
　　　　　　定時應注意左列事項：

一、各級政府歲入歲出是否與預算相符。

二、各級政府歲入歲出是否平衡。

三、各級政府歲入歲出與預算不符時，其
　　不符之原因。

四、各級政府歲入歲出不平衡時，其不平
　　衡之原因。

五、對各級政府歲入歲出應行改正之意見。

第三十五條　審計機關對各機關之現金、票據、證券執
　　　　　　行檢查，遇必要時應通知該機關長官或主
　　　　　　管上級機關派員蒞視。

檢查結果應製作筆錄，由保管人、蒞視人
署名蓋章。

第三十六條　各機關對於財物有遺失損毀等情事，應
　　　　　　隨時記明其原因，其重大者應提出其證
　　　　　　明方法。

各機關遇有審計法第四十八條第二項所列
情事，應即報告於該管審計機關，並提出
其證據，審計機關亦得依職權調查之。

機關團體	應送報表種類	送審時期	備考
經理特種基金機關	（一）基金收支累計表 （二）現金出納表 （三）票據出納表 （四）證券出納表 （五）財物增減表 （六）固定負債增減表 （七）資力負擔資產負債綜合平準表 （八）財產目錄 （九）固定負債目錄	第一至第七種報表應於每月及年終送審，第八、九兩種報表應於年終送審	
通各機關	（一）歲入類現金出納表 （二）經費類現金出納表 （三）歲入類平衡表 （四）經費類平衡表 （五）歲入累計表 （六）收入憑證簿 （七）經費累計表 （八）支出憑證簿 （九）財產增減表 （十）以前年度歲入應收款餘額表 （十一）以前年度歲出應付款餘額表 （十二）全年度歲入類現金出納表 （十三）全年度經費類現金出納表 （十四）結帳後歲入類平衡表 （十五）結帳後經費類平衡表 （十六）財產目錄	第一至第十一種報表，應每月送審，第十二至第十六種類報表，應於年終送審。	無歲入預算之機關，每月免送以前年度歲入應收款餘額表、歲入累計表及收入憑證簿，但於年終加送歲入累計表及收入憑證簿。
主管公庫機關及代表公庫銀行	（一）現金出納 （二）票據出納表 （三）證券出納表 （四）資產負債平衡表	第一至第三種報表，應於每日、每月及年終送審，第四種表應於每月及年終送審。	代理公庫銀行每月送第一至第三種類報表，其餘免送。
主管公債機關	（一）關於債券之發行、抵押、收回、清償、銷毀等事實編制報表 （二）資力負擔平衡表 （三）公債現額表	第一種報表應於每月送審，第二、第三種報表應於年終送審。	

機關團體	應送報表種類	送審時期	備考
經理財物機關	（一）關於所經理不動產物品及其他財產之增減、保管、移轉等事實編制報表 （二）財物目錄	第一種報表應於每月及年終送審，第二種報表應於年終送審。	

附記：（一）特種公務機關經費類，應送報表適用普通
　　　　　各機關之規定。

（二）公有營業機關、公有事業機關所送報表及
　　　送審時，除準用經理特種基金機關第二至
　　　第九種報表外，並於每月加送收入累計
　　　表、支出累計表，每年加送成本計算表、
　　　損益計算表、盈虧撥補表。

（三）各種報表設悉依會計法規之規定。

（四）各機關對本表規定應送報表，因特殊情
　　　形，經主計機關核准變通造報者，得以性
　　　質相同之報表代之。

（五）審計機關因審核上之必要，除本表規定應
　　　送報表外，得通知各機關增送其他表章。

第三十七條　各機關購置物料或營繕工程，依規定應公
　　　　　　告招標，或採用比價辦法者，應通知該管
　　　　　　審計機關派員監視，其招標或比價各項
　　　　　　規則、圖樣、說明書、預估底價標單式樣
　　　　　　以及契約底稿等，應於事前送審計機關備
　　　　　　查，簽訂契約時應由監視人署名蓋章。

第三十八條　各機關購置物料或營繕工程，如有中途變
　　　　　　更或增減價額情事，應隨時通知該管審計

　　　　　　　　機關查核，其變更重大或增減價額在一成
　　　　　　　　以上者，應於協議時通知該管審計機關派
　　　　　　　　員參加。

第三十九條　　各機關購置物料或營繕工程，經審計機關
　　　　　　　　派員監視開標、決標或比價者，於貨到或
　　　　　　　　公竣驗收時，應通知審計機關派員監視。
　　　　　　　　前項監察人員應於驗收證明書類署名
　　　　　　　　蓋章。

第四十條　　　各機關營繕工程及購置變賣各種財物之開
　　　　　　　　標決標驗收事項，其金額較小或有特殊
　　　　　　　　情形者，審計機關得斟酌情形，決定派員
　　　　　　　　與否。

第四十一條　　各機關購置物料營繕工程之驗收，凡與原
　　　　　　　　定圖說契約章則不符者，監視人得拒絕署
　　　　　　　　名蓋章，其因不得已事由准予減價收受
　　　　　　　　者，應先得審計機關之同意。

第四十二條　　凡發行債券或借款，應由主管機關將發行
　　　　　　　　條例或借款契約等，送該管審計機關備
　　　　　　　　查，如有變更應隨時通知審計機關。

第四十三條　　各機關處分公有財物時，準用第三十八條
　　　　　　　　至四十二條之規定。

第四十四條　　審計機關行使稽察職權，有須各機關團體
　　　　　　　　協助者，各機關團體應負協助之責。

第四十五條　　審計機關委託其他機關團體或個人辦理監
　　　　　　　　視、鑑定等事項，其結果應由原委託之審
　　　　　　　　計機關，依職權決定之。

第四十六條　本細則如有未盡事宜，得由審計部呈請監
　　　　　　察院修改之。
第四十七條　本細則由監察院核定施行。

三　各機關送審報告詳細表

茲依審計法施行細則第二十八條至三十一條之規定訂定
各機關送審報表詳細表於左。

四　審計法施行細則第十二條之實施辦法

第三六二次審計會議通過

一、審計機關審核案件為剔除、繳還或賠償之決定者，
　　對於受審核機關發審核通知，但先經主管機關決定
　　剔除、繳還、賠償後送審之案件，認為同意者，得
　　依其決定逕發核准通知結案。
二、受審核機關接到審核通知，除依限聲復或聲請復議
　　外，逾限不復，審計機關應依審計法第二十二條之
　　規定，逕行決定將剔除數於原報計算內扣除，逕發
　　核准通知結案。
三、審計機關應按月就已發核准通知結束之案件內，各
　　機關剔除、賠償及繳還數之應行解庫者，列表送主
　　管財政機關，轉飭公庫追繳或扣還，其有特殊情形
　　者得變通辦理之。

年　　月份剔除賠償及繳回數一覽表

機關名稱	年度月份	費別	剔除數	賠償數	其他繳還數	備考

附註：第三六二次審計會議通過者，原為審計法施行
　　　細則第十三條，嗣該細則第九條奉准廢止，應
　　　改為第十二條。

五　審核通知限期聲復辦法

二十八年四月十三日

國府渝字第二〇八號訓令准予照辦

一、自二十八年五月起，審計機關所發之審核通知應定
　　聲復期限，以受通知之機關接到通知日起三十日內
　　為限，其不能依限聲復者，得依審計法施行細則第
　　十條之規定辦理。

二、自二十八年起五月以前，所發之審核通知未及註明
　　聲復期限者，應於二十八年五月底分函各主管機關
　　轉飭所屬，將以前接到之審核通知於文到之日起一
　　月內聲復。

三、審核通知須受審核機關聲復者，應於審核報告加蓋
　　限期聲復圖記，並於審核通知「右列書類業經依法
　　審核內有應行事項開列於後」之下，增加「請於接
　　到通知之日起三十日內聲復，並請於聲復書註明審
　　核通知到達年月日」。

附註：第三六二次審計會議通過者，第一項所稱之審

計法施行細則第十一條，因該細則第九條奉准廢止，故改為第十條。

六　非常時期京外中央各機關推行就地審計制度辦法

二十七年六月十八日國府渝密字第六六號訓令
二十七年九月九日國府渝字第四六七號訓令修正
第一條第一項第六款第八款並增加第九款第十款

一、京外中央各機關之事後審計事務，暫歸各省市審計處辦理，其各審計處之管理區域暫定如左：

1. 江蘇審計處管理江蘇、安徽兩省。
2. 浙江審計處管理浙江、福建兩省。
3. 上海審計處管理上海市區。
4. 河南審計處管理河南、山東兩省及青島市，其河北、山西、綏遠、察哈爾等省暫歸河南審計處兼辦。
5. 陝西審計處管理陝西、甘肅兩省，其青海、寧夏、新疆等省暫歸陝西審計處兼辦。
6. 湖北審計處管理湖北、江西兩省。
7. 廣東審計處管理廣東、廣西兩省。
8. 四川審計處管理四川、雲南、西康三省。
9. 貴州審計處管理貴州省。
10. 湖南審計處管理湖南省。

上述管理區域，事實上如有困難時，得由審計部酌定變更之。

二、京外中央各機關每月造送之收入及支出計算書類，應以書表二份送該管主管機關查核存轉，以書表一

份連同憑證單據送該管區域內之審計處審核。

三、各審計處對於該管區域內，中央機關應送計算書
　　類，得逕行催告查詢，其審核結果，除通知送審機
　　關外，並報告審計部及送審機關之主管機關。

四、送審機關對於審計處之審核結果有異議時，得詳具
　　理由聲請主管機關，核轉審計部復核。

五、關於核銷經費支出之核准狀，仍歸審計部核填送，
　　由主管機關轉發送審機關。

六、關於就地審計之詳細手續，由審計部訂定之。

七　非常時期京外中央各機關推行就地審計制度辦法細則

　　　　二十七年六月十八日國府渝密字六六號訓令

一、本細則係依照非常時期京外中央各機關推行就地審
　　計制度辦法第六條訂定之。

二、本辦法所稱就地審計，係專指非常時期京外中央各
　　機關收支計算書類，就近由指定各省市審計處審核
　　而言。

三、京外中央各機關依照非常時期京外中央各機關推
　　行就地審計制度辦法送審之收支計算書類，應自
　　二十六年度起，其二十六年度以前，各年度之計
　　算書類暨關於審計上之答覆書類，仍應送審計部
　　審核。

四、京外中央各機關二十六年度之收支計算書類，已送
　　審計部或經部審核發出審核通知書，尚未答覆結案
　　者，得暫歸審計部審核，或交審計處審核，由審計
　　部酌定之。

五、京外中央各機關之附屬機關，其收支計算書類向係
　　獨立造報者，分別逕送該管審計機關審核。

六、中央各主管機關，對所屬京外機關年度預算分配
　　表、臨時費預算分配表暨一切有關預算，如變更、
　　流用、追加、核減等法案，均應在開始執行以前，
　　通知審計部轉行各審計處。
　　前項機關單位預算分配表，送審時應由主管機關備
　　送二份。

七、審計處審核京外中央各機關收支計算書類，應按送
　　審機關所屬之費類及主管機關分別編造事後審核完
　　竣案件月報表二份，呈送審計部一份，存部備查一
　　份，由部轉送送審機關之主管機關。

八、送審機關對於審計處之催告、查詢、補送等事項，
　　應逕向審計處答覆，不得聲請主管機關核轉審計部
　　覆核。

九、送審機關對審計處之審核結果聲請覆核時，以審核
　　通知書內所列剔除更正等事項為限。

十、凡京外中央機關，因特殊情形不能適用本細則之規
　　定者，其詳細辦法由主管機關與審計部商訂之。

十一、凡本辦法及本細則所未規定之事項，依審計法
　　　施行細則及其他有關法令辦理之。

八　審計部稽察證使用規則（附格式）

一、審計人員持此證，向公私團體或個人查詢或調閱簿
　　籍憑證，或其他文件，各負責人不得隱匿或拒絕，
　　遇有疑問並應為詳實之答覆。

二、審計人員於必要時，得臨時封鎖各項有關簿籍憑
　　證，或其他文件，並得提取其全部或一部。

三、審計人員執行封鎖或提取處分時，應依審計法施行
　　細則第七條、第八條規定辦理。

四、審計人員於必要時，得持此證知照司法或警察機關
　　協助。

五、審計人員辦理完畢時，即將此證繳銷，如係由各
　　省市審計機關填發者，繳銷後即轉本證呈報審計部
　　備核。

審計部稽查證

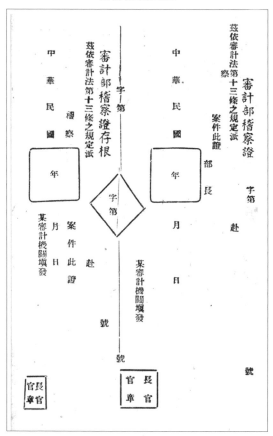

九　審計部稽察各機關公務員兼職兼薪實施辦法

二十七年十二月九日

奉國府渝字第一七二號指令准予備案

一、本辦法依照國民政府渝字第四四二號訓令，為實施稽察公務員兼薪起見訂定之。

二、各機關應照本辦法甲種規定格式，自二十七年九

月份起填製各該機關職員俸薪調查表，送審計機關
備核。

三、各機關職員俸薪如有變動，應於每月終依甲種規定
格式填製動態報告，送審計機關備核。

四、各機關職員應照本辦法乙種規定格式，填製各機關
職員俸薪及印鑑表，送由各該機關轉送審計機關
備核。

五、甲、乙兩種規定格式及填表須知另附。

六、本辦法實施後，如有不遵照規定辦理，或與計算書
類核對有不符者，不予核銷。

七、本辦法呈經監察院核准，轉呈國民政府備案後施行。
附甲、乙兩種表示及填表須知。

填表須知

一、本表依據二十七年九月份俸薪表填載，如最近月份
有變動，在備考內註明。

二、二十七年九月以後新任人員一併填列，並在備考欄
內加註某月某日到任。

三、任用等級欄填最近銓敘合格等級。

四、實支成率為各機關實發俸薪成率或書實支數額。

五、以後各機關職員如有動態，應於每月月底隨時報
告，送審計機關備核，如有新任人員，並須加附個
人所填各機關職員俸薪及印鑑調查表。

六、動態報告格式相同，惟在備考欄內註明某月日晉級
加俸，或減薪、辭退、撤職等字樣。

七、額外人員或調派其他機關服務人員，而在本機關支

　　　　薪者，一律由支薪機關填報，並在備考欄內加註。

八、本表應由機關長官及主辦之會計員簽名蓋章。

九、本表篇幅大小以此式為準。

各機關職員俸薪調查表（甲式）

機關名稱					填表日期	中華民國　年　月　日	
姓名	職別	任用等級	現支俸薪	實支成率或數額	現支特別辦公費	實發成率	備考

各機關職員俸薪及印鑑調查表　　（乙式）

姓名　　　　No.

服務機關		字別		籍貫	省縣	年齡	
職別		任用等級		在支薪額		實支數或底率	
在本機關有無兼職		兼何種職務					
在其他機關有無兼職		兼職機關					
兼何種職務		是否兼薪及兼薪數額					
兼領本機關特別辦公費		兼領其他機關特別辦公費					
住址或通訊							
本人印鑑（簽名蓋章）							
備考							

填表　　　　年　　　　月　　　　日

填表須知

（1）各職員簽名蓋章須與本人領薪收據相符。

（2）如不兼職或不支特別辦公費者，僅書（無）字。

（3）聘任職員、雇員、額外人員均須填送，新任人員
　　　於開始支薪時填由各該機關轉送。

（4）新任人員其級俸未經銓敘核定者，於銓敘確定後
　　　再填送。

（5）變更印鑑時應即另填，由各機關轉送，並通知取
　　　消原印鑑。

（6）如兼學校教課應在兼職向下填明所兼學校課程、
　　　每星期鐘點及報酬。

（7）本表篇幅大小以此式為準，紙張採用國產並堅厚
　　　耐用。

十　就地審計核簽暫付款辦法

第三七七次審計會議通過

（一）就地審計對於記賬憑證之核簽，及審計法所規
　　　定應與核簽收支憑證同時辦理。

（二）暫付款之核簽，除根據審計法施行細則第二十
　　　條之規定予以審核外：

　　　（A）暫付款支出之用途，必須合於分配預算所
　　　　　　列之科目，並不得超越其預算數。

　　　（B）公庫法施行後，暫付款之支出除依第一項
　　　　　　之規定外，並應核與公庫法第五條及其施
　　　　　　行細則第十五條之規定相符。

　　　（C）暫付款支付憑證之拒簽，應依審計法施行

細則第二十二條之規定辦理。

十一　修正支出憑證單據證明規則

民國三十年七月二十五日國府准予備案

第一條　各機關支出憑證單據之證明，除法令別有規定外，依本規則之規定。

第二條　各機關支付款項應提出受款人或其代理人之收據。

收據以外之憑證單據有參考必要時，應一併提出，因特殊情形不能取得受款人或其代理人收據時，付款人應聲敘原由，開列清單清單簽名蓋章，呈由該管長官證明之。

第三條　收據應由受款人或其代理人親自簽名。

如有用印章代簽名者，其蓋章與簽名生同等之效力，如以指印十字或其他符號代簽名者，經二人以上之證明，亦與簽名生同等之效力。

第四條　收據應記明左列事項：

一、收受款項之原因。

二、實收金額。

三、收受年月日。

四、付款機關名稱。

第五條　各機關提出商店發售貨物之發貨單據，應蓋有該商店之印章，並註明左列事項：

一、商店名稱、地址，有門牌者其號數。

二、物品名稱及數量。

三、單價及總價。

四、發貨日期。

五、機關名稱。

前項第二、第三兩款，如記載不明，應令補正，不能補正者，應由經手人註明其原因，簽名或蓋章證明之。

第六條　各機關於提出前條之發貨單據外，並應提出該商店之收款收據，其以發貨單據代替收據者，並應記明左列事項，於收受金額上加蓋該商店收受貨款之印章：

一、實收金額。

二、收受年月日。

第七條　各種支出憑證單據，應由會計人員及負責長官簽名蓋章，購置物品之單據，並應記明用途，由經手購置人、點收人簽名或蓋章。

修繕費之單據並由經手人、付款人、驗收人簽名蓋章，附具工程估計書，其訂有合約或招標者，合約抄本、投標文件、各項圖說及驗收證件，應一併附送。

第八條　各機關俸薪、工餉收據或俸薪工餉表，均應將職別、等級、姓名、俸薪或工餉金額，折支成數及實發金額等項，分別填明，其有進退升降等情事並應附具說明。

第九條　電報費之收據應註明發電事由。

第十條　各機關人員出差旅費，應依照出差旅費規則辦理，並應附具領據。

第十一條　各機關人員因緊急公務搭乘飛機者，應於

旅費報告表內詳註事由，並附送搭乘飛機
之證件。

第十二條　廣告費及印刷費收據均應附送樣本或樣
張，其訂有合約者並應抄送合約。

第十三條　營繕工程及購置財物之支出，應依審計部
稽察中央各機關營繕工程及購置變賣財物
實施辦法辦理，但營繕工程價格在該辦法
規定限制以下之支出憑證單據應附具工程
估價書、各項圖說及驗收證件，其訂有合
約及招商投標者，合約抄本、投標文件應
一併附送。

第十四條　分批付款之支出憑證單據，應將全部金
額、已付金額及未付金額等項分別註明，
其訂有合約者並應抄送合約。

第十五條　由數機關分攤之費用，其支出憑證單據應
由主辦機關彙總，附入支出憑證簿，並將
其他分機關名稱及分攤金額分別註明，其
他分機關應附具詳細說明，以主辦機關之
收據列報。

第十六條　各機關會計人員編製之支出憑證，應就各
項憑證單據，依照項目節之次序編號粘貼
於每張右角，加蓋騎縫印章，並於簿上依
款項目節之次序，記明憑證單據之號數及
其款項之總數。
　　　　　　裝訂成冊之憑證單據不得拆散另粘，其不
能全冊列入者，得在應粘之欄中註明另附

原冊。提供參考之憑證單據，應註明其係
某號憑證單據之附件按號附列，並於該號
憑證單據上填明其件數。

第十七條　支出憑證單據上之數字，應用大寫數字書
寫，並不得塗改挖補，其有改正者，應由
作成人在改正處簽名或蓋章。

第十八條　支出憑證單據應按照印花稅法規定貼足印
花稅。

第十九條　支出憑證單據上列有其他貨幣者，應註明
哲合國幣總數及其兌換率，其能取得兌換
水單者，並應附送。

第二十條　非本國文之憑證單據，由經手人將其內容
擇要譯成本國文一併附送。

第二十一條　本規則有未盡事宜，得由審計部修正之。

第二十二條　本規則由審計部呈請監察院轉呈國民政府
備案後施行。

十二　修正審計機關稽察各機關營繕工程及購置變賣財物財物辦法

三十一年九月二十三日國民政府通飭施行

第一條　本辦法依審計法第二十七條之規定訂之。

第二條　各機關營繕工程及購置變賣財物之稽察，除
法令另有規定外，適用本辦法。

第三條　各機關辦理前條事項，在左列數額以上者，
其開標、比價、決標、定約、驗收，應通知
審計機關派員監視：

一、營繕工程費在三萬元以上者。

二、購置或變賣財物，其價格在一萬五千元
以上者，前項價額之限制，駐有審計人
員之機關不適用之。

第四條　前條價額之限制，審計部得依物價指數之變
動，呈報監察院備案後增減之。

第五條　開標、比價、決標、定約、驗收日期之通知，
應於審計機關監察人員能到達以前送達。

第六條　凡預估價額在本辦法第三條規定數額以下，
而結果超越規定數額者，應補具圖說價單，
送審計機關備查，並通知監視驗收。

第七條　招標應在主辦機關門首公告七日以上，並在當
地報紙廣告三日以上，其公告及廣告應送審計
機關備查，但當地無報發行者不在此限。

第八條　凡營繕工程購置財物之招標或比價，須有三
家以上廠商之投標，方得開標，二家以上廠
商之開具價單，方得比價，但有左列情形之
一者不在此限：

一、營繕工程在偏僻地區，無二家以上之廠
商，而其建築費雖達第二條之規定，但
非過鉅者。

二、在同一地區僅一家有其財物者。

三、財物為一家所獨造或專利不能以他項物
品代替，而其銷受限於一行商者。

第九條　各機關依前條但書辦理者，應即通知審計機
關備案，審計機關得派員調查或密查之。

第十條　決標時如各標單均不合規定，或超越預估底
　　　　價過鉅，應另行招標，如連招二次以上仍無
　　　　結果，應呈請主管機關核定轉審計部備查。
第十一條　開標及比價前，對於預估底價及各商號所
　　　　投之標價，應嚴守秘密。
第十二條　各機關通知監驗工程時，應照左列格式附
　　　　送工事結算表。

（機關名稱）

工程名稱	工事結算表
承造商號	規定期限
訂立合同日期	根據合同扣除日數
開工日期	核准延期日數
完工日期	逾期日數
	預計
原預算或合同所定總價	實施工程費額
追加 1.	扣罰款額 1.
2.	2.
3.	3.
4.	4.
共計	淨付

主辦機關長官　　　主辦工程人員　　　監工人員

第十三條　監驗人員對於隱蔽部分於必要時，得實行
　　　　拆驗或化驗作詳密之檢查。
第十四條　驗收結果發現與原案不符情節重大者，主
　　　　辦人員應負其責，監驗人員如有徇私舞弊
　　　　情事，應連帶負責。
第十五條　驗收機關於驗收完畢填具驗收證明書，並
　　　　由驗發及監驗人員分別署名蓋章。
第十六條　各機關關於緊急營繕工程或購置財物，其

法案未經成立者，仍應通知審計機關派員
監視，其責任仍由主管機關負責之，不得
以曾經審計機關監視為呈請核准或追加之
理由。

第十七條 公有財物之變賣，除第一級機關單位之主
管機關各由其長官核定外，應先呈經上級
主管機關核准。

前項財物之變賣應以招標方式為之，須有
三家以上之投標方得開標。決標時應以最
高標價並以預估底價以上為得標。

第十八條 各機關對營繕工程及購變賣財物未依照本辦
法程序辦理者，審計機關事後不予核准。

第十九條 各機關意圖避免稽察程序，將營繕工程及
購置變賣財物分批辦理者，以未經合法程
序論。

第二十條 審計機關對縣（市）機關營繕工程及購置
變賣財物之稽查，準用本辦法之規定，但
第三條規定數額，得由審計機關視各地情
形酌定。

第二十一條 本辦法如有未盡事宜，由審計部修正之。

第二十二條 本辦法呈准監察院備案後施行。

十三 修正國內出差旅費規則

國防最高委員會第七十八次常會核定

第一條 凡中央機關公務人員因公出差支給旅費，除
陸海空軍人員因特別性質，必須另定規則者

外，均按本規則辦理。

前項特別規則應呈經國民政府備案後施行。

調任者得以出差論，其旅費由新任機關開支。

赴任得由各機關補助其舟車費，但須取具經過路程之證件以資證明。

第二條　旅費分舟車、膳宿、雜費、特別費，除選任官及因特殊情形，如辦理對外交涉事件或招待外賓等，其所需旅費得按實開支外，餘均按出差人員現有職務等級，依照左表支給：

費別\等級	舟車費			膳宿雜費以每口計算	特別費	備考
	火車	輪船	舟車轎馬			
特任	一等	一等	按實開支	六十元	按實開支	
簡任	一等	一等	按實開支	四十元	按實開支	
薦任	二等	二等	按實開支	三十元	按實開支	
委任	二等	二等	按實開支	二十五元	按實開支	
雇任	三等	三等	按實開支	二十元	按實開支	
雇工隨從	三等	三等	按實開支	十五元	按實開支	

前表所列膳宿、雜費額定數，依生活程度之變遷得以國民政府命令增減之，各機關長官亦得按各該機關之經費狀況及出差地點之生活用度，於出差人員出發之前體察情形酌量核減之。

凡聯任人員以其每月得俸薪照前表分等支給。

第三條　旅費自起程日起，至差竣日止，除患病及因事故阻滯有確實證明，仍按日計算外，其因私事請假者不得支給。

出差時期各機關長官視事實之需要，得於事

先限制，在限期內不得任意逗留。

第四條　旅費按照出差必經之順路計算之，其有特別情形者，非經各該機關長官核准不得支給。

如以緊急公務或為事實上之需要須搭乘飛機者，應經各該機關長官核准，附送搭乘飛機之證件，並註明其事由。

第五條　如因交通關係非繞道國外不能到達目的地時，其經過國外一段之旅費，准按實際開支給予外匯，其有國外出差旅費規則准用其規定。

第六條　出差事竣後應於十五日內，依照第二條附表各費，詳細分別逐日登載出差旅費報告表（格式如後），除舟車費零用膳費及無法取得單據者外，應將各種單據附入單據粘存簿，連同出差工作日記簿（格式如後），呈報各該機關長官核准後送審計機關審核出差旅費報告表。

右列概例應由出差人依照式詳細記載，但學校或學術機關人員除為接洽要公，或赴各都市參觀者，應按前項規定表格填明出差工作日記外，其為野外工作時，得以其所屬機關之出差工作日記，或將性質之簿冊替代之。

第七條　舟車費包括行程中必須之舟車輜馬等費。

舟車費依各定列支給，但有由公專備車，或領有免票者不得開支，其領用價不得補給，惟遇交通不便地方所需舟車輜馬等費按實開支。

第八條　膳宿雜費合併計算，每日開支不得逾前表規

　　　　　　　定之數，其有由公專備及特別情形者，應由
　　　　　　　各該機關長官酌量核減之，在舟車無停歇處
　　　　　　　者，不得開支宿費，供膳者不得開支膳費，但
　　　　　　　雜費得按每月旅費額定數三分之一支給。

　　　　　　　上下舟車費貲，並該所駐地每日開支之車馬費
　　　　　　　及其他零星費用，均應列入膳宿雜費項下，不
　　　　　　　得另行列報，並於備考欄內註明其數。

第九條　　　特別費包括郵電及因特別情形臨時僱用人夫
　　　　　　　軍馬，並其他一切屬公必須之費用。

第十條　　　出差人應隨帶行李被服，等級按照舟車規定
　　　　　　　數量者為限，不得另支行李費，其有攜帶公
　　　　　　　物必須另支運費者按實開支。

第十一條　　凡出差人員經各該機關公佈長期之核准得隨
　　　　　　　從，但特任不得超過二人，簡任、薦任、委
　　　　　　　任各一人，其有特別情形者不在此限。

第十二條　　調任人員之配偶及直系親屬隨往任所者，
　　　　　　　得依照該表規定，按各該調任人員應支等
　　　　　　　級之數為支給舟車費。

第十三條　　赴任人員之配偶及直系親屬隨往任所者，
　　　　　　　得比照十二條定補助其實際所需舟車費三
　　　　　　　分之二。

　　　　　　　前兩條規定得支舟車費之眷屬均不得超過
　　　　　　　三人。

第十四條　　赴任人員到達任所後，於短期內因私藉故
　　　　　　　辭職者，得按其情節追繳所支旅費之全部
　　　　　　　或一部。

第十五條　出差期中有免職或撤職者，依其已到達地
　　　　　點，按原職等級支給往返各費，出差人員
　　　　　經法庭裁判有犯刑事者，於其不執行差務
　　　　　之日起停止旅費之支給。

第十六條　本規則自核准之日施行。

出差工作日記簿

自　　年　　月　　日　起　至　　年　　月　　日　共　計　　日
某日由某地附乘某路火車或汽船往某地
某日在途次
某日行抵某地當日或次日即列席某項會議或調查某項事務
某日繼續列席會議及與議情形或繼續調查情形
某日由某地附乘某路火車或某汽船轉赴某地接洽
某項公務接洽情形曾致電其他某機關若干字
某日差竣仍滯留某地或轉赴某地候車或船
某日附乘某車輛或某船返回基地經過某地換車或船到達某地

出差旅費報告表

姓名					職別					
出差事由										
中民國　年　月　日起至　年　月　日止　共計　日　單據張										
日期	起訖地點	舟車費			膳宿雜費				特別費			總計	備考
月 日		火車費	輪船費	舟車轎馬費	膳費	宿費	雜費	單號數	摘要	金額	單據號數		

編註：費用欄單位為百十元角分。

十四　為改定國內出差人員膳宿雜費日支數額令仰遵照由

國民政府訓令

渝文字第二四〇號

三十二年三月二十五日

令主計處

案據行政院三十二年三月八日仁伍字第五八零零號呈稱：「查修正國內出差旅費規則，規定出差人員舟車輛馬及特別費按實開支，膳宿雜費，特任日支六十元，簡任日支四十元，薦任日支三十元，委任日支二十五元，雇員日支二十元，僱工隨從日支十五元。揆諸目前生活及物價，出差人員膳宿雜費原定數目，確屬不敷支應，似有酌予增加之必要。經提出本院第六零三次會議：將國內出差旅費規則規定膳宿雜費日支數目增為特任日支八十元，簡任日支六十元，薦任日支五十元，委任日支四十元，雇員日支三十元，雇工隨從日支二十元，所有各機關因前項增加膳宿雜費而增加之旅費，仍應以在各機關原有經費內勻支為原則，其經費困難者，得呈請主管機關核准於第一預備金項下動支，不得藉以增加預算，至增加國庫負擔，其餘出差人員應行遵守事項，仍按照原出差旅費規則辦理，除報請國防最高委員會核定外，理合呈請鑒核通令施行」等情，正核辦間，茲據本府文官處簽呈，『為准國防最高委員會秘書廳函，以行政院擬請改定國內出差人員膳宿雜費日支數額一案，業奉國防最高委員會第一百零五次常務會議決議：「准如所擬辦理，國內出差旅費規則，照修正」函達查照轉陳

分令飭尊等由理合簽請鑒核』前來，即分令飭遵，除飭復並分行外，合行令仰遵照，並轉飭遵照。此令。

十五　俸薪表工餉填表須知

二十八年九月十五日審計部通行

（一）俸薪表、工餉表均應填具二份，一份存查，一份送審計機關審核。

（二）每頁分二十行，每行填列一人，每行均寬五公分。

（三）一頁不敷者，可換用二頁，以至若干頁。

（四）最後一頁，應將各項金額，分別總結。

（五）填表時，應按任別、級別填列。

（六）員工因出差，其應領之薪餉，可憑薪餉收據列報，並在俸薪表或工餉表備考欄內註明。

（七）「薪餉」、「工餉額」為法定之薪餉數，「應支金額」為折扣後之薪餉數，「實支金額」為扣除各項負擔，實領之薪數餉數。

機關名稱　　　　年　　　月份　俸薪表　第　　　頁

職名	等級	姓名	在職日數	薪額	折支成數	應支金額	所得稅	印花	其他捐稅	實支金額	支票號數	簽名蓋章	備考	貼印花

機關長官　　　　　會計人員　　　　　出納人員

機關名稱　　　年　　　月份　工餉表　第　　　頁

職名	姓名	工作日數	工餉額	折支成數	應支金額	印花	其他捐稅	實支金額	支票號數	簽名蓋章	備考	貼印花

機關長官　　　　　會計人員　　　　　出納人員

附錄三　組織類法規

一　審計部組織法

二十八年三月四日修正公布

第一條　審計部直屬國民政府監察院，依監察院組織
　　　　法第五條及審計法之規定，行使職權。

第二條　審計部部長特任，秉承監察院院長綜理全部
　　　　事宜。

第三條　審計部政務次長常務次長簡任，輔助部長處
　　　　理部務。

第四條　審計部關於處理審計稽察重要事務，以審計
　　　　會議之決議行之。

　　　　審計會議以部長政務次長常務次長及審計組
　　　　織之，其決議以出席人員過半數之同意行
　　　　之，可否同數時取決於主席。

　　　　審計會議開會時，部長主席，部長有事故時
　　　　由次長代理。

第五條　審計部設三廳，依監察院組織法第五條之規
　　　　定，分掌左列事務：

　　　　一、第一廳掌理政府所屬全國各機關之事前
　　　　　　審計事務。

　　　　二、第二廳掌理政府所屬全國各機關之事後
　　　　　　審計事務。

　　　　三、第三廳掌理政府所屬全國各機關之稽察
　　　　　　事務。

第六條　審計部設總務處，掌理文書庶務等事務。

第七條　審計部設廳長三人，由部長指定審計兼任
　　　　之。每廳設三科，每科設科長一人，由部長
　　　　分別指定協審稽察兼任，科員四人至八人，
　　　　委任。

第八條　審計部總務處設處長一人，由部長分別指定
　　　　簡任秘書兼任之。
　　　　總務處設科長四人，薦任，每科科員二人至
　　　　四人，委任。

第九條　審計部設秘書二人至四人，內二人簡任，餘
　　　　薦任，分掌會議及長官交辦事項。

第十條　審計部設審計九人至十二人，簡任，協審十
　　　　二人至十六人，稽察八人至十人，均薦任，
　　　　分別執行審計稽察職務。
　　　　在京各機關之審計稽察事務，由部內不兼廳
　　　　長科長之審計協審稽察監理。
　　　　審計部因執行前項職務得設佐理員四十人至
　　　　六十人，委任。
　　　　審計部設駐外審計協審稽察，分別執行各審計
　　　　處及審計辦事處之職務。

第十一條　審計須以具有左列資格之一者充任之：
　　　　　一、具有第十二條或第十三條之資格，並
　　　　　　　曾任簡任以上之官職者。
　　　　　二、現任最高級協審稽察一年以上，成績
　　　　　　　優良者。
　　　　　前項第一款規定，於常務次長準用之。

第十二條　協審在未有考試合格之人員以前，須以具

　　　　　　有左列資格之一者充之：

　　　　　　一、曾在國內外專門以上學校習經濟、法
　　　　　　　　律、會計之學三年以上畢業，並有相
　　　　　　　　當經驗者。

　　　　　　二、曾任會計師或關於審計之職務三年以
　　　　　　　　上，成績優良者。

第十三條　稽察在未有考試合格之人員以前，須以具
　　　　　　有左列資格之一者充之：

　　　　　　一、於稽察事務所需學科，曾在國內外專
　　　　　　　　門以上學校修習三年以上畢業，並有
　　　　　　　　相當經驗者。

　　　　　　二、於稽察事務，曾任技師或職官三年以
　　　　　　　　上，成績優良者。

第十四條　審計協審稽察非有左列情形之一不得令其
　　　　　　轉職：

　　　　　　一、在年度開始，因職務從新分配，有轉
　　　　　　　　職之必要者。

　　　　　　二、審計機關有添設或裁併者。

　　　　　　三、因法定原因有缺額者。

　　　　　　四、因法定迴避原因，有轉職之必要者。

第十五條　審計協審或稽察與被審計機關之長官，或
　　　　　　主管會計出納人員為配偶或有七親等內之血
　　　　　　親，或五親等內之姻親關係時，對該被審機
　　　　　　關之審計事務，應行迴避，不得行使職權。
　　　　　　因其他利害關係瞻徇之虞者亦同。

　　　　　　審計協審或稽察，與被審計之案件有利害關

係時，對該案件應行迴避，不得行使職權。

第十六條　審計協審稽察，非受刑之宣告或懲戒處分者，不得免職或停職。

第十七條　審計協審稽察，在職中不得兼任左列職務：

一、其他官職。

二、律師會計師或技師。

三、公私企業機關之任何職務。

第十八條　審計部因繕寫文件及其他事務，得酌用僱員。

第十九條　審計部設會計主任一人，統計主任一人，辦理歲計會計統計事項，受審計部部長之指揮監督，並依國民政府主計處組織法之規定，直接對主計處負責。

會計室及統計室需用佐理人員名額，由審計部及主計處就本法所定委任人員及僱員名額中會同決定之。

審計部遇必要時得聘用專門人員。

第二十條　審計部於各省直隸行政院之市設審計處，掌理各該市內中央及地方各機關之審計稽察事務，其他不能依行政區域劃分之機關，經國民政府核准，得由審計部設審計辦事處。

前項審計處及審計辦事處之組織另以法律規定之。

第二十一條　本法自公布日施行。

二 審計處組織法

二十一年六月十七日公布

第一條　審計部於各省省政府所在地，或直隸於行政
　　　　院之市市政府所在地設審計處。

　　　　中央及各省公務機關、公有營業機關，其組
　　　　織非由行政區劃分者，經國民政府之核准，
　　　　得由審計部設審計辦事處。

第二條　審計處設審計一人，簡任協審二人，稽察一
　　　　人，秘書一人，均薦任；佐理員委任其名額
　　　　由審計部按事務之繁簡，分別擬定，呈請監
　　　　察院核定之。

第三條　審計處設處長一人，由審計兼任，承審計部
　　　　之命，綜理處務。

第四條　審計處分左列四組：

　　　　一、第一組掌理本省或本市內中央及地方各
　　　　　　機關之事前審計事務。

　　　　二、第二組掌理本省或本市內中央及地方各
　　　　　　機關之事後審計事務。

　　　　三、第三組掌理本省或本市內中央及地方各
　　　　　　機關之稽察事務。

　　　　四、總務組掌理本處文書、統計、會計、庶
　　　　　　務及其他各組交辦事項。

第五條　前條第一組、第二組之主任，以協審兼任，
　　　　第三組之主任，以稽察兼任，均由審計部派
　　　　充之。總務組主任以秘書兼任。

第六條　審計辦事處按事務之繁簡，分左列二種：

　　　　　　一、甲種辦事處之組織，準用第二條至第五
　　　　　　　　條之規定。

　　　　　　二、乙種辦事處，設協審一人，兼任處主
　　　　　　　　任，並設佐理員分股辦事，其名額準用
　　　　　　　　第二條之規定。

第七條　　審計辦事處辦理事前審計、事後審計或稽察
　　　　　事務之人員，於事務簡單之機關，各得兼管
　　　　　數機關之同種事務。

第八條　　審計處及審計辦事處因繕寫或其他事務，得
　　　　　酌用僱員。

第九條　　審計部組織法第九條至第十二條及第十六條
　　　　　之規定，於駐外審計協審稽察準用之。

第十條　　審計部組織法第十條至第十二條之規定，於
　　　　　辦理審計稽察事務之佐理員準用之。

第十一條　本辦法自公布日施行。

附註：本辦法第九條所載審計部組織法第十二條及第
　　　　十六條，即修正審計部組織法第十一條至第十
　　　　四條及第十八條。

　　　　本辦法第十條所載審計部組織法第十條至第十二
　　　　條，即修正審計部組織法第十一條至第十四條。

民國史料 38

抗戰勝利前後國民政府的審計
工作（1944）
The Audit of Nationalist Government, 1944

編　　者　民國歷史文化學社編輯部
總 編 輯　陳新林、呂芳上
執行編輯　林育薇
文字編輯　林弘毅、王永輝
美術編輯　溫心忻

出　　版　 開源書局出版有限公司

　　　　　香港金鐘夏愨道 18 號海富中心
　　　　　1 座 26 樓 06 室
　　　　　TEL：+852-35860995

　　　　　民國歷史文化學社 有限公司

　　　　　10646 台北市大安區羅斯福路三段
　　　　　　　37 號 7 樓之 1
　　　　　TEL：+886-2-2369-6912
　　　　　FAX：+886-2-2369-6990

初版一刷　2020 年 11 月 30 日
定　　價　新台幣 350 元
　　　　　港　幣　90 元
　　　　　美　元　13 元
I S B N　978-986-99448-6-1
印　　刷　長達印刷有限公司
　　　　　台北市西園路二段 50 巷 4 弄 21 號
　　　　　TEL：+886-2-2304-0488

http://www.rchcs.com.tw

國家圖書館出版品預行編目 (CIP) 資料

抗戰勝利前後國民政府的審計工作 . 1944 = The
audit of Nationalist Government. 1944/ 民國歷
史文化學社編輯部編 . -- 初版 . -- 臺北市 : 民國
歷史文化學社有限公司 , 2020.11

　　面；　公分 . -- (民國史料 ; 38)

ISBN 978-986-99448-6-1 (平裝)

1. 審計　2. 國民政府　3. 民國史

564.992　　　　　　　　　　109017294